商业短视频
直播卖货
技巧108招

叶飞◎编著

化学工业出版社

·北京·

内 容 简 介

本书由短视频与直播商业操盘手与投资人，根据自身多年经验，以运营模式、卖货技巧和销售话术这3条线为主进行编写，帮助读者快速掌握直播卖货干货技巧，通过直播卖货获得可观的收入！

一条是运营模式线，详细介绍了直播运营的相关技巧，如平台入驻、主播培养、人设打造、吸粉引流和商业变现等。

一条是带货技巧线，详细介绍了让用户"种草"产品的10种入手方法、策划营销内容的8个技巧，以及提升带货卖货成交率的9个技巧。

一条是销售话术线，详细介绍了10个标题设计技巧、8个内容策划技巧、8个提高语言销售能力的技巧和9个营销卖货的话术。

本书结构清晰，在短视频和直播营销与运营方面具有较强的实用性和针对性，适合短视频运营者、直播商家、品牌企业、主播孵化机构、直播运营人员及新主播阅读。

图书在版编目（CIP）数据

商业短视频直播卖货技巧108招 / 叶飞编著. —北京：化学工业出版社，2021.4

（商业短视频从小白到大师）

ISBN 978-7-122-38586-4

Ⅰ.①商⋯ Ⅱ.①叶⋯ Ⅲ.①网络营销 Ⅳ.①F713.365.2

中国版本图书馆CIP数据核字（2021）第032839号

责任编辑：李 辰 孙 炜　　　　　　　　装帧设计：盟诺文化
责任校对：宋 玮　　　　　　　　　　　　封面设计：王晓宇

出版发行：化学工业出版社（北京市东城区青年湖南街13号　邮政编码100011）
印　　装：北京瑞禾彩色印刷有限公司
710mm×1000mm 1/16　印张15¾　字数318千字　2021年6月北京第1版第1次印刷

购书咨询：010-64518888　　　　　　　　售后服务：010-64518899
网　　址：http://www.cip.com.cn
凡购买本书，如有缺损质量问题，本社销售中心负责调换。

定　价：68.00元　　　　　　　　　　　　　　版权所有　违者必究

前　言

近年来，随着短视频和直播行业的快速发展，越来越多的人开始涌入短视频和直播行业。但是，这其中有很大一部分人对于短视频和直播不甚了解，于是这些人开始通过市场上的短视频和直播类图书进行学习。

纵观市场上的书籍，与短视频和直播内容相关的虽然不少，但是能够把短视频和直播卖货技巧讲通、讲透的却很少。因此，为了让广大运营者和主播快速掌握短视频和直播卖货技巧，笔者推出了本书。

一、短视频和直播运营模式

短视频和直播运营是实现变现的基础，主要包括平台入驻、主播培养、人设打造、吸粉引流和商业变现 5 个方面的内容。

（1）平台入驻：入驻直播平台是进行直播带货实现变现的基础。笔者通过对抖音、快手、微视、B 站、淘宝、京东、蘑菇街、拼多多、小红书和西瓜视频直播的入驻和运营技巧进行详细解读，让大家可以快速入驻多个直播平台，开启直播变现之路。

（2）主播培养：一场成功的直播少不了一个高素质的主播。因此，笔者重点对树立主播形象、提高主播心理素质、培养粉丝运营能力和学会主播互动技巧等培养主播的技巧进行了介绍，让新主播可以快速成长起来。

（3）人设打造：一个讨喜的人设可以帮助主播吸粉无数。主播们可以从人设的经营、人设的确定、对标红人、设定标签和打造品牌 IP 等角度，让自己的人设对用户更有吸引力。

（4）吸粉引流：吸引的流量越多，直播的变现效果通常也会越好。运营者和主播可以通过预告推广、诊断优化、平台助力、直播推广、公域推广、主播拉新、增加黏性、吸引粉丝和粉丝运营等方法，获得更多流量和粉丝。

（5）商业变现：商业变现的方法千千万，运营者和主播要做的就是选择适合自己的变现方法。具体来说，运营者和主播可以通过粉丝打赏、销售产品、付费观看、MCN网红、网红变现、企业宣传、卖会员、品牌广告、版权销售和形象代言等方式，快速实现直播变现。

二、卖货技巧

卖货可以说是短视频和直播变现的必经之路。那么，如何做好短视频和直播卖货呢？笔者认为，产品"种草"、内容营销和带货卖货是必须要重点把握的。

（1）产品"种草"：运营者和主播要想让用户购买自己推荐的产品，就需要先通过直播进行讲解使用户对产品"种草"。在进行产品"种草"时，运营者可以从产品、主播、内容、主题、推广场景、细节、包装、技术和KDL等不同的角度入手。

（2）内容营销：直播内容与产品转化率直接相关，运营者和主播要想提高产品销量，就要重点做好内容营销。内容营销的方法有很多，如了解用户需求、做好用户定价、建立合作团队、策划活动方案、全面了解产品信息、解决用户后顾之忧、打造痒点和提供爽点等，运营者和主播可以从中选择适合自己的内容营销方法。

（3）带货卖货：带货卖货是直播的常见方式之一。在直播的过程中，运营者和主播可以通过选择优质货源、学会利用卖点、展示用户体验和增加增值内容等方式，增强直播变现的效果。

三、销售话术

在直播过程中，主播对销售话术的运用至关重要。懂得运用销售话术引导用户的主播，更能刺激用户的购买欲。

（1）标题设计：标题是直播内容的重要组成部分，一个有吸引力的标题可以吸引更多用户的关注。运营者和主播可以通过提炼要点、经验分享、专家讲解、提出疑惑、数字冲击、同类比对、流行热词、借势营销和语言冲击等方式打造吸睛标题。

（2）内容策划：优质的直播内容是引导用户下单的直接手段。而要想打造优质内容，就有必要进行内容策划，更好地打造高人气直播。

（3）销售语言：出色的主播通常都拥有强大的语言销售能力，能够通过语言能力、销售技巧和换位思考等方式将产品推荐给目标用户。

（4）营销话术：将产品推荐给用户是有话术的，运营者和主播可以通过模板法、介绍法、赞美法、强调法、示范法、限时法、动作法、问题法和个性法等方法进行直播营销。

需要特别提醒的是，在编写本书时，作者是基于当前各短视频和直播软件截取的实际操作图片，但本书从编辑到出版需要一段时间。在这段时间里，软件界面与功能会有调整与变化，比如，删除了某些内容，增加了某些内容，读者在阅读时，可以根据书中的思路，以实际操作界面为主，举一反三，进行学习。

本书由叶飞编著，参与编写的人员还有高彪等人，在此表示感谢。由于作者知识水平有限，书中难免有错误和疏漏之处，恳请广大读者批评、指正。

编　者

目　录

第 1 章　平台入驻 : 10 个直播平台的运营技巧

第 2 章　主播培养 : 9 个技巧让主播飞速成长

第3章　人设打造：8个技巧让主播更具魅力

第4章　吸粉引流：9个技巧让你的粉丝量暴涨

第5章　商业变现：10种方式让你的收益翻倍

第 6 章 产品"种草"：10 个技巧增加产品曝光度

第 7 章 内容营销：8 个技巧提高产品转化率

第8章 带货卖货：9个技巧提高产品成交率

第9章 标题设计：10个技巧打造爆款直播间

第 10 章　内容策划：8 个技巧打造高人气直播

第 11 章　销售语言：8 个技巧让直播间嗨翻天

第 12 章　营销话术：9 个技巧刺激用户购买欲

第1章

平台入驻：
10 个直播平台的运营技巧

学前提示

运营者和主播要想在某个平台上进行直播，就要先入驻这个直播平台。不同直播平台的入驻方法不同，运营技巧也有差异。

本章将介绍 10 个常见直播平台的入驻方法和直播技巧。

要点展示

· 抖音直播：智能算法推荐机制，实现爆发式涨粉

· 快手直播：30 秒一句"老铁 666"的购买欲也能超强

· 微视直播：腾讯大力支持，直播流量自然有保障

· B 站直播：广受年轻人喜爱的 UP 主带货直播平台

· 淘宝直播：电商直播大平台，群众基础非常广泛

· 京东直播：自营商品质量有保障，用户消费积极性更高

· 蘑菇街直播：打造"内容 + 网红 KOL+ 电商"联合

· 拼多多直播："直播＋电商"模式已成业内标配

· 小红书直播：细分领域 KOL、明星直播带货的平台

· 西瓜视频直播：根据用户的兴趣进行个性化推荐

抖音直播：智能算法推荐机制，实现爆发式涨粉

直播是抖音的重要功能，也是许多运营者和主播带货实现变现的一种主要方式。下面对抖音直播的相关内容进行介绍，帮助大家实现爆发式涨粉，增强直播的变现效果。

1. 抖音直播推荐算法机制

如果运营者和主播想在平台上成功吸粉，首先就要了解这个平台用户的爱好，知道他们喜欢什么样的内容、排斥什么内容。抖音运营者在抖音发布内容后，抖音平台对于作品进行审核，其目的是筛选优质内容进行推荐，同时杜绝垃圾内容的展示。具体来说，抖音直播的推荐算法机制如图 1-1 所示。

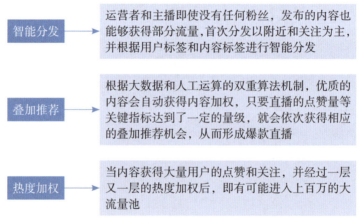

图 1-1　抖音的推荐算法机制

2. 抖音直播的开通方法

在抖音平台中，如果要实现变现，就一定要用好视频和直播。而相比于视频，直接面对抖音用户的直播，更容易受到部分抖音用户的欢迎。因此，如果主播和抖音账号运营者能够做好抖音直播，就能获得惊人的"吸金"能力。

抖音直播变现的基础是开通抖音直播变现功能。其实，开通抖音直播变现功能很简单，抖音运营者只需进行实名认证即可。完成实名认证后，如果平台发来系统通知，告知你已获得开通抖音直播的资格，就说明抖音直播功能开通成功了，如图 1-2 所示。

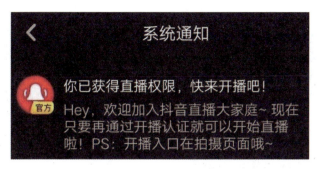

图 1-2　获得抖音直播权限的系统通知

对于抖音运营者来说，抖音直播可谓是促进产品销售的一种直接而又重要的方式。那么，究竟要如何在抖音开直播呢？下面对开直播的流程进行简单的说明。

步骤 01 登录抖音短视频 App，进入视频拍摄界面，如图 1-3 所示，向左滑动。

步骤 02 进入"开直播"界面，如图 1-4 所示。在该界面中设置直播封面、标题等信息。

图 1-3　向左滑动

图 1-4　"开直播"界面

步骤 03 信息设置完成后，点击"开始视频直播"按钮，如图 1-5 所示。

步骤 04 操作完成后，进入直播倒计时。完成倒计时后，便可进入直播界面，如图 1-6 所示。

点击

图 1-5 点击"开始视频直播"按钮

图 1-6   进入直播界面

3. 抖音直播的运营技巧

在抖音直播的运营过程中，运营者需要利用抖音直播的推荐算法机制，增加直播的热度。除此之外，部分运营者和主播在直播过程中可能会遇到直播没声音、卡屏等问题，那么这些问题要怎么解决呢？我们可以通过如下操作找到解决方法。

步骤 01 登录抖音短视频 App，进入"我"界面。❶ 点击界面上方的 ≡ 图标，在弹出的列表中，❷ 点击"设置"按钮，如图 1-7 所示。

步骤 02 从抖音主页进入"设置"界面，点击"反馈与帮助"按钮，如图 1-8 所示。

步骤 03 进入"反馈与帮助"界面，点击"更多"按钮，如图 1-9 所示。

步骤 04 进入"问题分类"界面，选择"直播相关"选项，如图 1-10 所示。

步骤 05 进入"反馈与帮助"界面，选择界面中的"主播开直播"选项，如图 1-11 所示。

图 1-7 点击"设置"按钮

图 1-8　点击"反馈与帮助"　　图 1-9　点击"更多"　　图 1-10　选择"直播相关"
　　　　　按钮　　　　　　　　　　按钮　　　　　　　　　　　选项

步骤 06 进入"主播开直播"界面，抖音运营者和主播只需选择对应问题的选项，便可以了解问题的解决方法，如图 1-12 所示。例如，选择"为什么直播时没有声音？"选项，即可进入该问题解答界面，如图 1-13 所示。

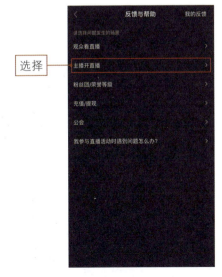

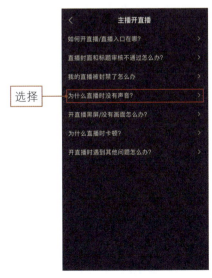

图 1-11　选择"主播开直播"选项　　图 1-12　选择"为什么直播时没有声音？"
　　　　　　　　　　　　　　　　　　　　　　　　　选项

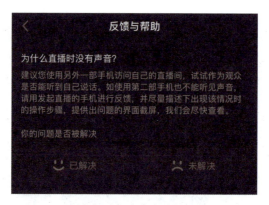

图 1-13　直播时没有声音的问题解答界面

TIPS 002 快手直播：30 秒一句"老铁 666"的购买欲也能超强

快手直播平台中的部分用户购买欲比较强，有时候主播只需不定时地说一句"老铁 666"，部分用户便会直接购买产品。那么，如何通过快手直播挖掘用户的购买欲呢？接下来对开通快手直播的方法和运营技巧进行具体的说明。

1. 快手直播的开通方法

在快手短视频平台中，运营者只需进行实名认证，便可以获取直播权限了。获得直播权限之后，运营者便可以通过如下步骤在快手平台开直播了。

步骤 01　登录快手 App，点击"发现"界面中的 ◎ 图标，如图 1-14 所示。

步骤 02　进入快手的短视频拍摄界面，点击界面中的"开直播"按钮，如图 1-15 所示。

步骤 03　操作完成后，进入直播界面。在该界面中 ❶ 设置直播的封面和标题，❷ 点击"开始直播"按钮，如图 1-16 所示。

步骤 04　操作完成后，即可进入快手直播界面，如图 1-17 所示。

图 1-14　点击 ◎ 图标

图 1-15　点击"开直播"　　　图 1-16　点击"开始直播"　　　图 1-17　快手直播界面
　　　　　按钮　　　　　　　　　　　　按钮

2. 快手直播的运营技巧

使用快手直播中有一些可以提高热度、增强卖货效果的运营技巧。接下来具体介绍。

（1）直播间百宝箱

大多数直播平台的礼物都需要花钱购买，快手却有一些不同。快手用户可以根据观看直播的时间，获得一些快币。具体来说，直播间中会出现一个百宝箱图标，当直播观看时间达到要求之后，百宝箱下方会显示"可领取"字样。此时，用户只需 ❶ 点击百宝箱，在显示的百宝箱中，❷ 点击可领取的百宝箱，即可打开宝箱领取快币，如图 1-18 所示。

领取快币之后，快手用户可以 ❶ 点击直播间下方的

图 1-18　点击百宝箱领取快币

7

图标，❷ 选择"猫粮"，把领取到的快币转换成礼物，送给主播，如图 1-19 所示。

图 1-19　将快币转化成礼物送给主播

在直播过程中，主播可以引导用户领取快币并赠送礼物，这不仅可以提高直播间的热度，也可以吸引更多的人观看直播，增强直播间的带货能力。

（2）"同城"直播

用户登录快手 App 之后，会默认进入"首页"界面，点击界面中的"同城"字样，即可进入"同城"界面。该界面中会显示同城用户发布的短视频和直播，如图 1-20 所示。

图 1-20　点击"同城"字样查看同城内容

也就是说，运营者和主播在直播时，可以进行定位，让自己的直播出现在"同城"界面中。这样，直播的曝光量提高了，直播间获得的流量自然也就更多了。

（3）"无人物"直播

运营者和主播在直播时如果不方便出镜，可以进行"无人物"直播。在快手中，常见的"无人物"直播主要有 4 种。

·游戏场景 + 主播语音：大多数快手用户观看游戏类直播时，重点关注的可能还是游戏画面。因此，这类直播直接呈现游戏画面即可。另外，一个主播之所以能够吸引用户观看直播，除了本身过人的操作，语言表达也非常关键。因此，"游戏场景 + 主播语音"就成了许多主播的重要直播形式。

·真实场景 + 字幕说明：主播可以通过真实场景演示和字幕说明相结合的形式，将自己的观点全面地表达出来。这种直播方式可以有效地避免人物的出现，同时又能够将内容完全展示出来，非常接地气，自然能够得到用户的关注和点赞。

·图片 + 字幕（配音）：如果直播的内容是关于抖音、微信和微博等平台的专业营销知识，那么，运营者和主播可以选择采用"图片 + 字幕或（配音）"的形式进行内容的展示。

·图片演示 + 音频直播：主播可以通过"图片演示 + 音频直播"的形式，更好地与学员实时互动交流。以这种模式进行的直播，用户可以在上下班路上、休息间隙、睡前、地铁上、公交上和上厕所时进行观看。不仅观看方便，而且能节约用户的宝贵时间。

微视直播：腾讯大力支持，直播流量自然有保障

微视背后有腾讯的大力支持，因此，如果运营者要进行直播带货，微视毫无疑问是一个不错的选择。那么，运营者要如何开通和运营微视直播呢？下面讲解具体的方法。

1. 微视直播的开通方法

开通微视直播的方法很简单，具体的操作步骤如下。

步骤 01 进入微视的"首页"界面，点击 图标，如图 1-21 所示。

步骤 02 在新跳转到的界面中，点击"拍摄"按钮，如图 1-22 所示。

图 1-21　点击➕图标

图 1-22　选择"拍摄"按钮

步骤 03 进入视频拍摄界面，点击"开直播"按钮，如图 1-23 所示。

步骤 04 进入微视开直播界面，同时会弹出需要完成主播认证的提示框，点击提示框中的"去认证"按钮，如图 1-24 所示。

图 1-23　点击"开直播"按钮

图 1-24　点击"去认证"按钮

步骤 05 进入"认证手机号"界面，❶ 输入手机号和验证码，❷ 点击"提交并进入身份证验证"按钮，如图 1-25 所示。

步骤 06 进入"认证身份证"界面，在该界面中运营者可以通过点击"+"按钮拍摄身份证或手动输入身份证信息这两种方式进行身份证认证。如果选择用第二种方式进行验证，可以点击界面中的"手动填写身份证信息"按钮，如图 1-26 所示。

步骤 07 在新跳转到的界面中，❶ 输入姓名和身份证号码，❷ 点击"提交"按钮，如图 1-27 所示。

步骤 08 操作完成后，返回直播设置界面。❶ 点击界面中的"更换封面"按钮，在弹出的列表中 ❷ 选择"从相册选择"选项，如图 1-28 所示。

图 1-25 点击"提交并进入身份证验证"按钮

图 1-26 点击"手动填写身份证信息"按钮

图 1-27 点击"提交"按钮

图 1-28 选择"从相册选择"选项

步骤 09 进入"所有照片"界面，选择需要的照片，如图 1-29 所示。

步骤 10 操作完成后，进入"直播封面"界面。在该界面中选择需要设置为封面的照片部分，选择完成后，点击"完成"按钮，如图 1-30 所示。

图 1-29　选择需要的照片

图 1-30　点击"完成"按钮

步骤 **11** 返回开直播界面，❶ 勾选"开播默认你已阅读并同意《微视直播协议》"复选框，❷ 点击"开始直播"按钮，如图 1-31 所示。

步骤 **12** 操作完成后，即可进入微视直播界面，如图 1-32 所示。

图 1-31　点击"开始直播"按钮

图 1-32　微视直播界面

2. 微视直播的运营方法

微视运营者和主播要想增加直播的流量和产品的销量，需要重点做好如下两个方面的工作。

（1）打造热门短视频

当运营者和主播进行直播时，其发布的短视频便会显示该运营者和主播正在进行直播。所以，如果运营者和主播能多打造一些热门短视频，那么，用户在看短视频时就会知道你在进行直播。这样一来，部分对直播内容感兴趣的用户就会点击查看你的直播。

（2）冲击"微光榜"

在微视直播中，"微光榜"（微视直播以一个小时为单位，根据礼物总值进行的排名）排名前十的直播间可以获得直播广场的推荐位。所以，如果运营者和主播的直播能够进入"微光榜"前十名，那么，直播将会被许多查看直播广场内容的用户看到。对此，运营者和主播可以引导用户送礼物，冲击"微光榜"的前十名。

B 站直播：广受年轻人喜爱的 UP 主带货直播平台

B 站指的是哔哩哔哩，它是深受广大年轻人喜爱的一个平台。

B 站上不仅有许许多多有趣的视频，还有丰富有趣的直播。大多数 UP 主（即 B 站账号运营者）在 B 站进行直播之前，都会先进行视频投稿，当积累大量的粉丝及足够的观看量之后，才会进行直播。

许多人都以为 B 站就是一个以提供二次元短视频为主的平台，其实不然，在 B 站上同样是可以进行直播带货的。那么，UP 主要如何在 B 站上开直播呢？B 站直播有哪些运营技巧呢？下面重点回答这两个问题。

1. B 站直播的开通方法

在计算机和手机端都可以进行 B 站直播，下面就以手机端为例，具体讲解开通 B 站直播的步骤。

步骤 01 进入 B 站的"首页"界面，点击界面中的"我要直播"按钮，如图 1-33 所示。

步骤 02 操作完成后，进入直播设置界面，点击界面上方的"更换封面"按钮，如图 1-34 所示。

点击

图 1-33　点击"我要直播"按钮

点击

图 1-34　点击"更换封面"按钮

步骤 03 操作完成后，弹出"封面上传"界面。UP 主和主播可以在该界面中选择使用相机拍摄照片或相册中的照片这两种方式设置封面图片。以使用相机拍摄照片设置封面为例，此时，UP 主和主播要选择"相机"选项，如图 1-35 所示。

步骤 04 操作完成后，进入照片拍摄界面。点击界面中的〇图标，拍摄照片，如图 1-36 所示。

步骤 05 照片拍摄完成后，进入照片预览界面。如果对拍摄的照片比较满意，只需点击"使用照片"按钮即可，如图 1-37 所示。

步骤 06 操作完成后，进入照片裁剪界面。在该界面中，UP 主和主播需要选择照片的一部分作为直播封面。选择完成后，点击"选取"按钮，如图 1-38 所示。

选择

图 1-35　选择"相机"选项

步骤 07 返回直播设置界面，如果封面位置显示"审核中"字样，就说明封面设置成功了。封面设置完成后，点击界面中的"开始视频直播"按钮，如图 1-39 所示。

步骤 08 操作完成后，即可进入 B 站直播界面，而 UP 主的开直播操作也就完成了，如图 1-40 所示。

图 1-36　点击○图标　　　图 1-37　点击"使用照片"　　图 1-38　点击"选取"按钮
　　　　　　　　　　　　　　　　　按钮

2.B 站直播的运营技巧

如果 UP 主想提升直播的引流能力，获得更多用户的关注，那么，就有必要掌握 B 站直播中的一些玩法。下面重点介绍 B 站直播中的 3 种运营玩法。

图 1-39　点击"开始视频直播"按钮　　　图 1-40　B 站直播界面

（1）主播舰队：让粉丝成为你的船员

UP 主开直播后，可以在直播房间内拥有自己的舰队，舰队的船票总共有 3 种，分别是总督、提督和舰长。当 UP 主的粉丝拥有主播的舰队船票后，该粉丝将会拥有以下特权。

①在图标上，舰队船员拥有房间专属唯一标记、进房间弹幕特效公告、房间内专属身份展示位特权。

②在弹幕上，舰队船员拥有专享房间内紫色弹幕、专享房间内顶部弹幕发送权限（仅限总督）、弹幕长度发送上限提升至 40 字（仅限总督和提督）特权。

③在"爱意"上，舰队船员拥有亲密度上限翻倍（粉丝勋章等级不同，亲密度上限也有所不同）、加速升级粉丝勋章、粉丝专属礼包、购买即返银瓜子（B 站直播虚拟货币）特权。

④在发言上，舰队船员不受房主以外的禁言影响、发言时昵称颜色与众不同且发言时拥有聊天气泡特权。

（2）直播看板娘：帮助主播答谢粉丝

直播看板娘是 B 站设计的一个卡通形象，它的主要作用是实现内容交互：当 UP 主和主播收到用户打赏的礼物时，直播看板娘会以气泡的形式弹出来，帮主播答谢用户；而平时直播看板娘也会悬浮在视频周围，用户单击或双击直播看板娘时，它会向用户卖萌。此外，UP 主还可对直播看板娘进行换装，提高直播看板娘的整体呈现效果。

（3）主播轮播：多个直播的循环播放

主播在直播中可以开启轮播开关，对指定内容进行轮播，提高内容的曝光量。具体来说，主播可以通过如下操作，轮播指定内容。

步骤 **01** 进入 B 站计算机网页端的"用户中心"界面，选择"我的直播间→轮播设置"选项，如图 1-41 所示。

图 1-41　选择"我的直播间"选项

步骤 02 进入轮播设置界面，单击界面上方的"视频轮播功能"按钮，如图 1-42 所示。

图 1-42　单击"视频轮播功能"按钮

步骤 03 如果 UP 主想调整"轮播列表"中的视频，可单击"轮播列表"右侧的图标，如图 1-43 所示。

步骤 04 完成上步操作后，弹出"添加视频"弹窗，单击想要调整的视频右侧的图标，如图 1-44 所示。

图 1-43　单击 图标

图 1-44　单击 图标

步骤 05 弹出更多操作面板，UP 主可以单击 ✿图标，将对应视频在"添加视频"弹窗中置顶；单击 ⏷图标，可以将对应视频在"添加视频"弹窗中置底；也可以单击 🗑图标，将对应视频从"添加视频"弹窗中删除；还可以单击 🔒图标，将该视频锁定在"添加视频"弹窗中。笔者此处以单击 ✿图标为例进行说明，如图 1-45 所示。

图 1-45　单击 ✿按钮

步骤 06 UP 主将"添加视频"弹窗中的视频处理完毕后，单击"提交"按钮，即可完成轮播设置操作，如图 1-46 所示。

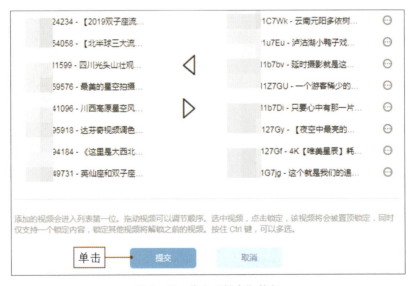

图 1-46　单击"提交"按钮

淘宝直播：电商直播大平台，群众基础非常广泛

淘宝的直播板块已经具有了一定的规模，在这种情况下，直播带货就变成了淘宝的常见销售方式。因为淘宝网站本身就拥有着大量的店铺，以及广泛的群众基础，所以淘宝直播便成了用户运营、互动营销的利器。下面，笔者就来讲讲淘宝直播的开通方法和运营技巧。

1. 淘宝直播的开通方法

入驻淘宝直播需要先下载淘宝主播 App，安装完成后，可根据如下步骤开通直播。

步骤01 进入淘宝主播 App "首页" 界面，点击 "立即入驻，即可开启直播" 按钮，如图 1-47 所示。

步骤02 进入 "主播入驻" 界面，❶ 点击 "去认证" 按钮，根据提示完成认证后，❷ 选择 "同意以下协议" 单选按钮，❸ 再点击 "完成" 按钮，如图 1-48 所示。

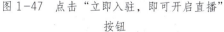

图 1-47　点击 "立即入驻，即可开启直播" 按钮

图 1-48　点击 "完成" 按钮

步骤03 跳转到 "主播入驻" 界面，如果界面中显示 "恭喜你入驻成功！" 字样，就说明入驻成功了。入驻成功后，点击 "返回首页" 按钮，如图 1-49 所示。

步骤 04 返回淘宝主播 App "首页" 界面，点击界面中的 ⓒ 图标，如图 1–50 所示。

图 1–49　点击 "返回首页" 按钮　　　　　　　图 1–50　点击 ⓒ 图标

步骤 05 进入 "开直播" 界面，❶ 点击 ⬛ 图标，添加直播封面图片，❷ 点击 "开始直播" 按钮，如图 1–51 所示。

步骤 06 完成上一步操作后，即可进入淘宝直播界面，如图 1–52 所示。

图 1–51　点击 "开始直播" 按钮　　　　　　　图 1–52　淘宝直播界面

2. 淘宝直播的运营技巧

运营者获得淘宝直播权限之后，该如何运营直播呢？接下来，笔者将进行具体介绍，并推荐给大家一些运营技巧。

（1）直播通知

在进行直播前，运营者要做好直播通知，让粉丝知道你直播的时间。如果没有通知，那么很多粉丝可能会错过你的直播。在发布直播通知时，运营者可以运用以下几种工具：小喇叭公告、小黑板和群消息等。为了让直播通知尽可能地让所有的粉丝看到，运营者可以利用上新预告来进行通知，也可以将直播信息推送到广场。

（2）直播标题

在直播标题的选择上，要重点突出产品卖点、明星同款、当下流行或其他元素等，例如特卖、清仓、东大门爆款、INS 网红同款和高级感等。此外，选择直播标题时还要根据自己直播的风格来选取相对应的词汇。

（3）竖屏直播

如果只有一个主播进行直播，笔者建议使用竖屏，这样更便于用户观看直播内容，而且竖屏也能更好地展示商品。

（4）粉丝分层

运营者可以在直播设置中点击"粉丝分层"选择适合自己的规则，而观看直播的用户则会根据你所选择的规则来进行分层。

例如，运营者可以将规则设置为：每日观看直播、发布一则评论之后，分别增加 2 分；关注主播、观看时长超过 4 分钟分别增加 5 分；点赞和分享次数达到一定次数，可以增加不同数值的积分等。

（5）观看奖励

运营者可以根据观看时长设置奖励，当用户观看直播达到相应时长之后，便可获得小额红包、优惠券和赠品等福利，以此吸引用户持续观看直播。当直播间的气氛达到一定程度时，运营者可在直播间进行抽奖。当公布中奖用户时，主播需要注意安抚未中奖用户，并通知下一次抽奖时间。抽奖可以每十五分钟进行一轮，也可以按照其他时间有规律地进行抽奖。

（6）直播内容

主播在进行产品推广时，可以利用故事进行介绍，也可以将产品与其他同类产品进行对比，更好地突出自己的产品的优势，还可以采取饥饿营销，调动用户的积极性。

主播直播时一定要精神饱满，可以用热情打动用户。在进行产品讲解时，主播需要耐心介绍产品的功能，并且进行相关的操作示范，以减轻用户的操作难度，让用户更容易掌握操作流程。

京东直播：自营商品质量有保障，用户消费积极性更高

在进行网购时，产品的质量是影响用户购买欲望的重要因素之一，而京东一直以高质量为基点，严格筛选产品，力求为用户提供一个有正品保障的平台，从而获得追求高质量产品的用户群体的青睐。

在京东的直播平台，许多企业老总会亲自带货，并且在直播中还会进行大额抽奖，这也吸引了不少用户参与互动，巧妙地提升了用户的购买欲望。

本节主要介绍京东直播平台的开通与运营技巧，以供想要在京东进行直播的运营者和主播参考。

1. 京东直播的开通方法

京东直播的开通需要先登录京东达人平台，成为京东达人。只有满足上述条件，方可开通京东直播。如果不是京东达人，可以先注册京东达人账号。下面首先介绍京东达人的注册方式，读者只需按照以下步骤操作即可进行京东达人注册和登录；如果已经成了京东达人，可以直接登录京东达人后台，开通京东直播。

步骤 01 在浏览器搜索栏中搜索"京东达人平台"，单击京东达人的官网链接。进入"京东内容开放平台"界面后，❶ 输入京东账号和密码；输入完成后，❷ 单击"登录"按钮，如图 1-53 所示。

步骤 02 登录账户之后，弹

图 1-53　单击"登录"按钮

出"使用手机短信验证码"提示框，❶ 单击"获取验证码"按钮（操作完成后，"获取验证码"按钮会变成"重新获取"按钮）；在手机上接收短信后，❷ 输入短信中收到的验证码，❸ 单击"提交认证"按钮，如图 1-54 所示。

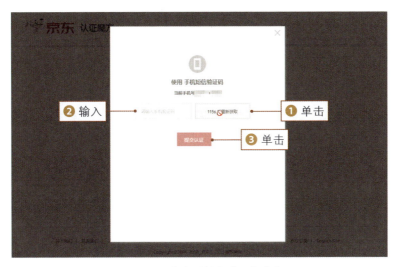

图 1-54　单击"提交认证"按钮

步骤03 输入验证码后，选择需要开通的账号类型。若是个人开通，选择"个人"选项即可，如图 1-55 所示。

步骤04 进入"实名认证"界面，❶ 填写真实姓名及证件信息等实名认证信息。填写完成后，❷ 单击"下一步"按钮，如图 1-56 所示。

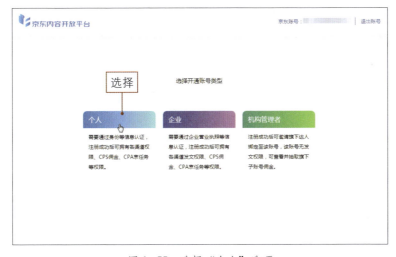

图 1-55　选择"个人"选项

图 1-56 单击"下一步"按钮

步骤 05 完成上一步操作后，❶填写个人信息，如账户昵称、联系方式和手机短信验证码等，❷勾选"同意《京东原创平台入驻协议》"复选框，❸单击"下一步"按钮，如图 1-57 所示。

图 1-57 单击"下一步"按钮

步骤 06 弹出"达人 CPS 佣金与内容动态奖励规则"窗口，阅读规则内容，单击"确认"按钮，如图 1-58 所示。

图 1-58 单击"确认"按钮

步骤 07 执行操作后，跳转至新界面。界面中显示"欢迎加入京东内容开放平台！身份认证通过后，就能申请发文渠道啦 ~"字样，便说明你已加入京东内容开放平台，如图 1-59 所示。

图 1-59　你已加入京东内容开放平台

步骤 08 成为京东达人之后，进入京东开放内容平台，单击上方的"指导手册"按钮，如图 1-60 所示。

步骤 09 在左侧的"内容创作"标签中，选择"直播"选项，在"直播"页面中，会显示如何入驻京东直播，如图 1-61 所示。若是机构请单击"机构主播及个人主播机构"右侧的超链接；若是商家，可以单击"商家"右侧的超链接。

需要注意的是，京东直播机构的入驻必须要满足一定的条件。另外，入驻也有一定的流程。如图 1-62 所示为京东直播达人入驻流程的相关信息。

图 1-60　单击"指导手册"按钮

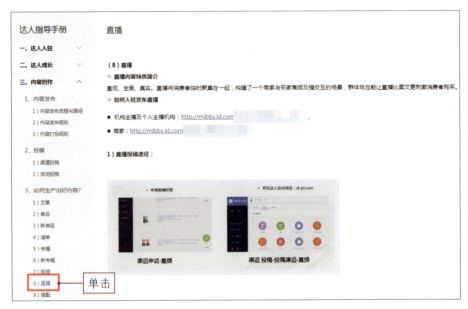

图 1-61　选择"直播"选项

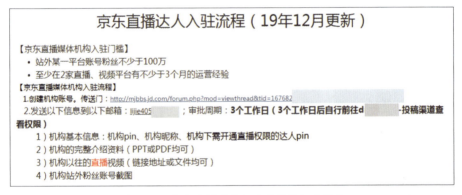

图 1-62　京东直播达人入驻流程的相关信息

2. 京东直播的运营技巧

下面笔者就来讲述京东直播的平台运营技巧，为想要在京东平台进行直播的运营者和主播提供参考。

（1）主播力荐

在京东直播中，会显示"主播力荐"一栏，该栏目中会推送一些产品。用户只需点击"主播力荐"的产品，便可以进入对应的直播间，如图 1-63 所示。主播可以通过引导用户打造热门直播、通过福利增加产品销售等方式，让自己的产品出现在"主播力荐"栏目中，从而更好地吸引用户观看你的直播。

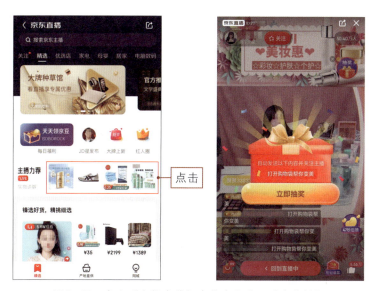

图 1-63　点击"主播力荐"中的产品进入对应直播间

（2）政策扶持

京东平台为扶持滞销农产品，推出了"京源助农"活动，在活动内用户可以购买许多农产品。同时，"京东生鲜"板块也设置了"生鲜助农"专题，"京东秒杀"板块为帮助滞销农产品专门推出了"共克时艰，京心助农"会场。如图 1-64 所示为"京源助农"乡村振兴领头雁活动。

图 1-64　"京源助农"乡村振兴领头雁活动

这些活动解决了各地农产品滞销的烦恼，为脱贫工作带来了福音。例如，京东平台提供的直播渠道让某地的砂糖橘销量总计达到了 3000 吨，很好地带动了该地农产品的销售和基地的发展。

（3）主播补贴

京东的"4+2"商家和机构扶持政策，主要针对商家和热门主播进行"现金补贴及公域流量"扶持，如图 1-65 所示。主播在直播开播后，可直接获得现金补贴，新开直播的用户可以直接获得公域流量的资源，并且在当月不用参与考核。

图 1-65　"4+2"商家和机构扶持政策

TIPS 007 蘑菇街直播：打造"内容 + 网红 KOL+ 电商"联合

蘑菇街主要为女性群体提供穿搭参考，除了主打服装搭配，还在妆容、鞋包和饰品上提供了搭配参考，节省了用户搭配服装和化妆的时间，解决了用户的诸多烦恼。本节笔者就来讲讲蘑菇街直播的开通方法和运营技巧。

1. 蘑菇街直播的开通方法

蘑菇街直播需要在手机商城下载蘑菇街 App，安装完成后，进行账号注册和登录，再按照以下步骤开通直播。

步骤 01 登录蘑菇街 App，进入"发现"界面，点击界面中的"发表"按钮，如图 1-66 所示。

步骤 02 操作完成后，会弹出一个列表框。点击列表框中的"直播"按钮，如图 1-67 所示。

图 1-66　点击"发表"按钮

图 1-67　点击"直播"按钮

步骤 03 进入"绑定手机"界面，绑定手机号。运营者和主播可以点击"本机号码一键绑定"或"更换其他手机号绑定"按钮绑定手机号。这里以点击"本机号码一键绑定"按钮绑定手机号为例进行说明，如图 1-68 所示。

步骤 04 操作完成后，进入"实名认证"界面，❶ 输入姓名和身份证号，❷ 勾选"阅读并同意《实名认证服务协议》"复选框，❸ 点击"下一步"按钮，如图 1-69 所示。

图 1-68　点击"本机号码一键绑定"按钮

图 1-69　点击"下一步"按钮

步骤 05 进入身份验证服务界面，❶ 勾选"勾选后，单击按钮即同意《个人信息使用授权书》并确认授权"复选框，❷ 点击"同意授权，并继续"按钮，如图 1-70 所示。

步骤 06 进入人脸识别界面，界面中会弹出"'蘑菇街'想访问您的相机"提示框，点击提示框中的"好"按钮，如图 1-71 所示。允许蘑菇街访问相机后，将对准人脸，进行人脸验证。

图 1-70　点击"同意授权，并继续"按钮　　　　图 1-71　点击"好"按钮

步骤 07 进入直播设置界面，❶ 设置直播标题和直播封面图，❷ 点击"开始直播"按钮，如图 1-72 所示。

步骤 08 操作完成后，即可进入蘑菇街直播界面，如图 1-73 所示。

图 1-72　点击"开始直播"按钮　　　　图 1-73　蘑菇街直播界面

2. 蘑菇街直播的运营技巧

蘑菇街直播的运营主要是通过网红 KOL 的打造，以集内容与电商于一体的方式进行，以下是蘑菇街直播的运营技巧分析。

（1）蘑菇街购物台

蘑菇街在微信小程序内拥有自己的直播渠道——蘑菇街购物台，如图 1-74 所示。运营者和主播在蘑菇街平台上直播时，直播内容会同步到"蘑菇街购物台"。对此，运营者和主播需要积极引导用户点赞、评论和下单，打造热门直播间。这样可以让更多的用户看到直播内容，提高直播间的转化率。

图 1-74　蘑菇街购物台

（2）高颜值经济体

蘑菇街从直播内容、主播选择等各个方面都构造了一个高颜值经济体。高颜值主播可以通过搭配经验分享直播，为用户变美提供一系列的解决方式，巧妙地利用女性对美好事物热衷与追求的心理，获得更多支持，进行高效变现。

拼多多直播："直播＋电商"模式已成业内标配

拼多多的直播门槛低、变现快，受到许许多多用户的喜爱，并且拼多多在这几年大受欢迎，以实惠的价格吸引众多用户下载与使用。本节笔者将详细为读者介绍拼多多的直播开通方法和运营技巧。

1.拼多多直播的开通方法

拼多多直播又被称为"多多直播",运营者可以通过如下步骤开启自己的"多多直播",利用拼多多直播带货。

步骤 01 登录拼多多 App,进入"首页"界面,点击界面中的"直播"按钮,如图 1-75 所示。

步骤 02 进入"直播"界面,点击"我要直播"按钮,如图 1-76 所示。

步骤 03 进入"开直播"界面,❶ 设置直播标题和直播封面图,❷ 点击"开始直播"按钮,如图 1-77 所示。

图 1-75　点击"直播"按钮

步骤 04 操作完成后,即可进入拼多多直播界面,如图 1-78 所示。

图 1-76　点击"我要直播"
按钮

图 1-77　点击"开始直播"
按钮

图 1-78　拼多多直播界面

2.拼多多直播的运营技巧

无论是拼多多 App"首页"界面,还是搜索栏的搜索结果及场景广告中,都为用户提供了直播入口。除此之外,商品详情页、店铺首页和关注店铺也是拼多多直播的流量入口，拼多多的直播入口会出现在平台内用户停留的每个环节。多多直播相对于其他直播，在运营上具有以下技巧。

（1）直播低门槛

拼多多的"多多直播"面向所有拼多多用户，未下过单的用户也可以通过"多多直播"进行直播带货，门槛低，规则简单，使用操作方便。拼多多 App 的直播设置非常平民化。

（2）关注主播福利

拼多多直播平台中的"多多直播"运营主要通过平台内的流量，以及用户的微信分享。在拼多多直播中，运营者和主播可以给用户发送红包，这个功能能够有效地提高用户的停留时间，但是只有关注主播才能打开红包。这样操作可以巧妙地利用红包的玩法对直播进行推广。当用户关注主播后，就会显示可以让好友助力，通过好友助力，用户可以再次领取红包。

（3）同城直播

拼多多有同城直播。在同城直播内，运营者和主播可以向周边地区推广你的店铺，让更多附近的人知道你的店铺，提高店铺的周边影响力，吸引同城用户购买你的产品。

（4）用户购买便捷

在"多多直播"界面下方，用户可以随时以拼单的形式购买商品，在直播时还有"想听讲解"功能，对于用户感兴趣的物品可以随时提供讲解。便捷的购买方式和随时提供的讲解功能让用户消费更快捷、更容易。

小红书直播：细分领域 KOL、明星直播带货的平台

小红书是一个细分领域 KOL 和明星直播带货的优质平台，许多年轻女性都会参考小红书上的内容做服装搭配和美容化妆等。那么，运营者要如何进行小红书直播？如何更好地进行小红书直播运营呢？本节笔者就来回答这两个问题。

1. 小红书直播的开通方法

步骤01 登录小红书 App，点击"推荐"界面中的➕图标，如图 1-79 所示。

步骤 02 进入"最近项目"界面，点击"直播"按钮，如图 1-80 所示。

图 1-79　点击 + 图标

图 1-80　点击"直播"按钮

步骤 03 进入"直播"界面,点击"绑定手机号"右侧的"去绑定"按钮,如图 1-81 所示。

步骤 04 弹出"绑定手机号"提示框，点击"本机号码一键绑定"或"绑定其他的手机"按钮。这里以点击"本机号码一键绑定"按钮为例进行说明，如图 1-82 所示。

图 1-81　点击"去绑定"按钮

图 1-82　点击"本机号码一键绑定"按钮

步骤 05 返回"直播"界面,点击"大陆身份证实名认证"按钮。在弹出的"大陆身份证实名认证"提示框中点击"去认证"按钮,如图 1-83 所示。

步骤 06 进入"个人实名认证"界面,❶ 输入姓名和身份证号码,❷ 勾选"我同意《实名认证协议》复选框,❸ 点击"提交"按钮,如图 1-84 所示。

图 1-83　点击"去认证"按钮

图 1-84　点击"提交"按钮

步骤 07 进入"人脸验证"界面,❶ 勾选"勾选表示已阅读并同意《个人信息使用授权书》并确定授权"复选框,❷ 点击"开始录制"按钮,如图 1-85 所示。录制视频,进行人脸验证。

步骤 08 操作完成后,会弹出"直播已开通"提示框。点击提示框中的"确认"按钮,如图 1-86 所示。

步骤 09 返回"直播"界面,❶ 设置直播封面图和标题,❷ 勾选"开播即代表同意《小红书直播协议》"复选框,❸ 点击"开始直播"按钮,如图 1-87 所示。

步骤 10 操作完成后,即可进入小红书直播界面,如图 1-88 所示。

图 1-85　点击"开始录制"按钮

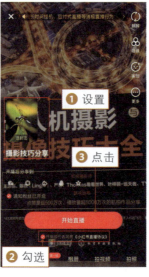

图 1-86　点击"确认"按钮　图 1-87　点击"开始直播"　图 1-88　小红书直播界面
　　　　　　　　　　　　　　　　　　按钮

2. 小红书直播的运营技巧

在运营小红书直播的过程中，运营者和主播可以通过一定的方式增强直播的效果。例如，可以通过发红包增加用户的留存时间、分享直播获取更多的流量。

（1）发红包增加用户的留存时间

在小红书直播中，运营者和主播和主播发送的红包不会马上出来，而是会显示一个倒计时，如图1-89 所示。等倒计时归零时，用户才可以抢红包。另外，在某直播间红包倒计时期间，"直播"的"推荐"界面中该直播的封面会出现"抢红包"字样，如图 1-90 所示。

对此，运营者和主播

图 1-89　显示红包发送　　图 1-90　直播封面出现
　　　　倒计时　　　　　　　　"抢红包"字样

可以在直播过程中适当地发一些红包。这样既可以吸引用户点击观看直播，还可以增加用户的留存时间，让用户更愿意留在直播间中。

（2）分享直播获取更多的流量

小红书直播间中为运营者和主播提供了"直播分享"功能。运营者和主播在直播过程中，可以将直播分享到微信、QQ 和微博等平台，让直播间获得更多流量。

西瓜视频直播：根据用户的兴趣进行个性化推荐

西瓜视频是一个根据用户兴趣进行个性内容推荐的平台，正是因为如此，许多用户都习惯观看西瓜视频上的视频和直播。那么，运营者和主播如何做好西瓜视频直播呢？本节笔者就来讲解西瓜视频的开通方法和运营技巧。

1. 西瓜视频直播的开通方法

虽然西瓜视频的名字里面有"视频"二字，但是，该平台上也有许多运营者在进行直播带货。那么，如何在西瓜视频上开直播呢？接下来笔者就来讲解具体的步骤。

步骤 01 登录西瓜视频 App，进入"我的"界面，点击"开直播"按钮，如图 1-91 所示。

步骤 02 操作完成后，弹出实名认证提示框，点击提示框中的"确定"按钮，如图 1-92 所示。

步骤 03 操作完成后，会弹出"实名信息授权提

图 1-91　点击"开直播"按钮

图 1-92　点击"确定"按钮

示"提示框。点击提示框中的"同意授权"按钮,如图 1-93 所示。

步骤 04 进入"身份校验"界面, ❶ 点击 📷 图标,上传身份证双面照片, ❷ 点击"提交认证"按钮,如图 1-94 所示。

图 1-93　点击"同意授权"按钮　　　　图 1-94　点击"提交认证"按钮

步骤 05 在弹出的新界面中, ❶ 输入真实姓名和身份证号, ❷ 点击"确定"按钮,如图 1-95 所示。

步骤 06 进入"人脸检测"界面,点击"开始认证"按钮,如图 1-96 所示。

图 1-95　点击"确定"按钮　　　　　　图 1-96　点击"开始认证"按钮

步骤 07 进入人脸检测界面,如图 1-97 所示。将镜头对准人脸进行检测,检测完成后，会弹出新界面并显示"认证成功"。点击界面中的"确定"按钮，如图 1-98 所示。

图 1-97　人脸检测界面

图 1-98　点击"确定"按钮

步骤 08 进入直播设置界面，❶ 设置直播封面图和标题，❷ 点击"开始视频直播"按钮，如图 1-99 所示。

步骤 09 操作完成后，便可进入西瓜视频的直播界面，如图 1-100 所示。

图 1-99　点击"开始视频直播"界面

图 1-100　西瓜视频的直播界面

2. 西瓜视频直播的运营技巧

在运营西瓜视频直播的过程中，运营者和主播可以通过如下两个技巧，提高直播间的热度和用户的留存率。

（1）设置话题

不同的内容有不同的受众，运营者和主播在直播时可以设置直播话题，吸引目标用户的关注。而且在西瓜视频直播中添加的话题，会出现在直播封面中。这样一来，对话题感兴趣的用户在看到直播封面之后，便会点击查看直播了，直播间的热度自然就上升了。

（2）发送福袋

运营者和主播在直播过程中可以通过发送福袋的方式，向用户赠送"钻石"（西瓜视频的平台币，可用于购买直播礼物）。当用户看到运营者和主播发送的福袋之后，会更愿意留在直播间。而运营者和主播发送福袋之后几分钟，用户才能抢福袋。所以，用户为了抢福袋，会在直播间观看直播并等待福袋出现。这无疑便会提高直播间用户的留存率。

第2章

主播培养：
9个技巧让主播飞速成长

学前提示

　　一个高素质的主播可以大大提高直播间的转化率，但是，一个主播要从新手成长为带货高手往往需要一段比较长的时间。

　　本章笔者就针对主播的培养，为大家介绍9个技巧，让大家在直播之路上飞速成长起来。

要点展示

· 树立主播形象，以专业素养提高产品转化率

· 打造时尚形象主播，美妆服饰产品不愁销

· 打造技术流测评主播，成为数码产品带货高手

· 改变主播的成长策略，将劣势转变为优势

· 提高心理素质，积极应对直播中的突发情况

· 培养粉丝运营能力，维护好与粉丝的关系

· 玩转直播常用设备，快速开启你的直播间

· 学会直播互动技巧，巧妙与用户进行互动

· 参加官方直播活动，深挖主播自身优势资源

树立主播形象，以专业素养提高产品转化率

在从事直播销售工作时，主播要怎么提高自己的专业形象？怎么判断自身的形象是否达标？又该如何了解自己的带货能力是否达标呢？下面笔者将对这些问题做出解答。

1. 如何判断自身的形象是否达标

主播的类型多种多样，各种风格都有，当选择成为一名销售主播时，首先要确定自己的直播形象和风格，这对于直播之路来说，是关键的一步。它相当于用户对主播的"第一印象"，因此建议主播们尽早确定自己的直播形象和风格。

新人主播可以根据一些基础的筛选标准来了解自身的直播形象，或者根据这些方向，主动让自己更加贴近自身要塑造的形象。下面将从 4 个方向来分析，帮助主播找到自己的直播风格，如图 2-1 所示。

图 2-1　确定主播风格的 4 个方向

（1）年龄层

主播的年龄、形象要和产品面向的消费者年龄段相符合，这样主播在推荐产品时，会起到非常好的宣传效果。例如，年轻的女主播可以在直播间推荐一些时尚化妆品、时尚首饰；妈妈级别的主播则非常合适推荐婴幼儿用品；喜欢养生的中年主播则可以推荐一些茶具用品之类的产品。

这样可以吸引同年龄层用户的目光，让他们产生兴趣，使他们愿意在直播间停留。也可以让直播获得更多精准的流量，从而有效地提高产品的转化率。同时，这也有利于主播对直播间的用户进行分类，从而根据用户群体来推荐产品。如图2-2 所示为服装主播推荐与其年龄层相贴近的产品。

（2）喜好

喜好这个标准的要求非常简单，就是主播要真心喜欢自己推荐的产品。主播

对产品的喜欢会自然而然地表现在面部表情和肢体行为上，而这些屏幕前的用户在观看直播的过程中，是能够明显察觉到的。

图 2-2　服装主播推荐与其年龄层相贴近的产品

如果主播自己都不喜欢自己推荐的产品，那么很难引导用户进行购买，这样对于提高产品的转化率是很不利的。

（3）专业度

主播自身的专业度也会影响产品的转化率。以服装直播销售为例，主播需要掌握一些基础的服装知识，同时全面掌握产品的相关信息。这样在面对用户提出的问题时，才能游刃有余地回应。

对于商家提供的产品，主播更加需要了解产品的功能卖点和价格卖点。功能卖点就是这件产品的优势和特点，而价格卖点则涵盖了产品的营销策略和价格优势等。了解并分析出产品的两大卖点，可以帮助主播在直播销售时更加吸引和打动用户，这样可以大大提高产品的转化率。

（4）直播形式

直播的形式主要分为两种，如图 2-3 所示。

```
                ┌─ 推荐产品：单纯地向用户介绍、推销产品
   直播的形式 ───┤
                └─ 输出信息：把主播个人的风格向用户输出
```

图 2-3　直播的两种形式

直播的形式取决于主播在直播时是希望单纯地推荐产品，还是选择输出信息。

选择直接推荐产品，可以提高产品的曝光率，这对于提高产品的转化率是有帮助的。而如果选择输出信息，那么产品的转化率可能就会比较低。

输出信息属于塑造主播形象和个人直播风格，建立个人直播特征的必经过程。输出信息的过程是缓慢的，但是可以提高主播的曝光度，而且一旦后期反应不错，还可以让主播拥有不错的直播竞争力。

2. 如何判断专业主播的带货能力

当读者正式进入直播行业，成为一名直播主播时，一个非常关键的问题就是自己的带货能力如何。

带货能力直接关系到直播的销售额，以及主播在平台上的发展强弱、商业价值的高低。这也是所有商家和机构都关心和重视的内容。

对于商家来说，选择主播负责自家产品的推广、销售活动时，主播的带货能力显得格外重要，因为这直接关系到和主播合作的费用问题，以及产品的销售情况。而对于平台来说，带货能力强的主播可以有效地提高用户对直播的关注度，因此平台也会格外重视主播的带货能力。

基于这种情况，新人主播如何判断自己的带货能力呢？笔者认为，可以从两个方面来分析。一是可以在自己的直播间里，点开产品的页面，查看产品的销售情况；二是可以根据直播间的各项数据，合理进行分析。

产品的销售情况是判断主播带货能力的一个直接依据，许多商家都会以此判断主播的带货能力，而产品的销售情况一般取决于两种因素，如图2-4所示。

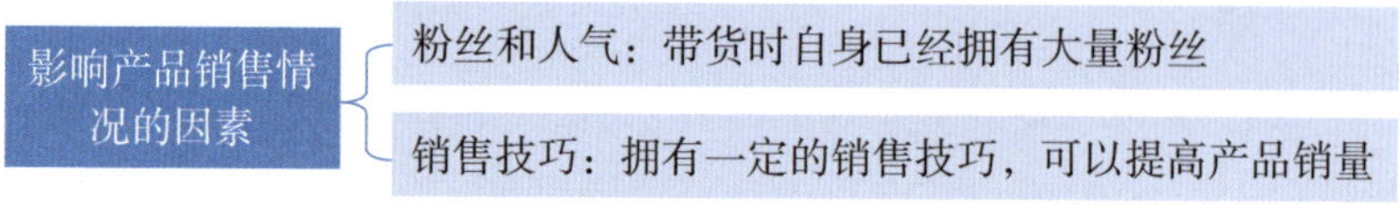

图 2-4 影响产品销售情况的因素

但是，在判断一个主播的带货能力时，不能仅仅关注产品的销售情况。以销量情况来判断主播的带货能力是不可取的，因为除了销量，一个主播的带货能力还和很多其他因素有关，如图2-5所示。

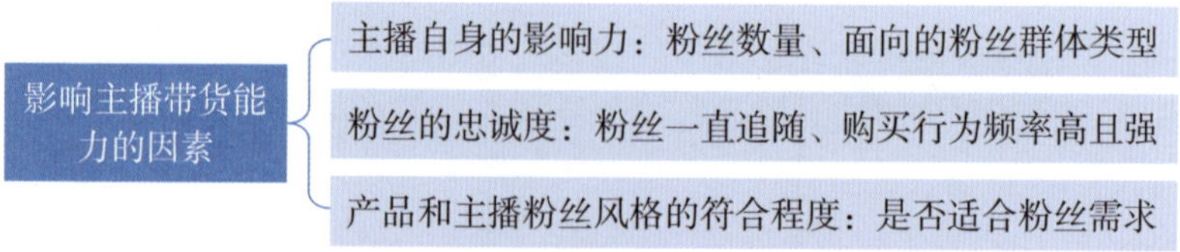

图 2-5 影响主播带货能力的因素

主播在分析自己的带货能力时，可以针对上述因素，根据自身的实际情况来判断自己的带货能力。而在向其他主播学习时，主播可以通过两个关键点去判断对方的带货能力，如图 2-6 所示。

交易数据：带货数据要看交易完成之后的数据

判断主播带货能力的关键点

粉丝数：直播间的店内销量、挚爱粉的数量

图 2-6　判断主播带货能力的关键点

TIPS 012　打造时尚形象主播，美妆服饰产品不愁销

妆容和服饰都是个人形象的一部分，所以，许多用户为了打造时尚的形象，都会通过直播购买美妆和服饰类产品。而主播要想让这部分用户购买自己推荐的产品，就要学会打造自己的时尚形象，只有这样，用户才会觉得主播推荐的产品足够具有说服力。

如图 2-7 所示为某服装直播销售的相关画面。可以看到，该直播中主播出镜时的服装就是比较时尚的。用户在看到主播的穿搭效果之后，就会觉得上身效果很好，这样一来，许多用户会更愿意购买主播推荐的产品，而产品的销量自然就比较有保障了。

图 2-7　服装销售直播的时尚着装

打造技术流测评主播，成为数码产品带货高手

有的产品是有直播带货门槛的，如果主播不具备专业的知识或技术，那么，即便主播竭尽全力进行直播带货，用户可能也不会买账。数码产品便属于此类。

对此，主播需要先打造自己的专业形象，让用户明白自己对这类产品的相关知识和技术都掌握得很好。例如，手机销售类主播可以运营各种新媒体账号，发布手机测评内容，通过日常内容的推送塑造自身的专业形象。

如图 2-8 所示为某主播发布的手机测评短视频。该主播在短视频账号中发布了大量手机测评短视频。因为这些短视频中对许多手机，特别是新机型进行了详细的测评，所以许多用户看到该主播的短视频之后，都会觉得他在手机测评方面很专业。因此，当该主播在直播中推荐相关产品时，用户对于其推荐的产品自然就会多一份信服。

图 2-8　某主播发布的手机测评短视频

改变主播的成长策略，将劣势转变为优势

并不是每个主播都拥有良好的先天条件，当主播在某方面存在劣势时，需要懂得将自己的劣势转变为优势。例如，从事服装直播销售的主播，并非都拥有完美的身材和外貌。那么，为什么有的主播身材和外貌都不出众，却能拥有一大批粉丝呢？这主要是因为这些主播懂得将自己的劣势转变为优势。

虽然与颜值主播相比，这些主播的身材和外貌存在劣势，但是，现实生活中大部分人的身材和外貌都不是非常出众的，所以，如果这些主播试穿服装的效果比较好，那么，服装的上身效果就会更加具有说服力。而在此过程中，主播不出众的身材和外貌在直播带货中便变成了优势。

例如，有些身材偏胖的主播可以重点进行大码服装的销售。因为主播自身比较胖，所以当主播穿上自己推荐的服装之后，如果显瘦效果比较好，那么，那些微胖和肥胖的用户看到直播之后，就会更愿意购买。

提高心理素质，积极应对直播中的突发情况

在直播的过程中，主播难免会遇到各种突发状况，这时就非常考验主播的应变能力和心理素质了。一般在直播中遇到的突发状况主要有两种，一种是客观发生的，还有一种是主观人为的。接下来笔者就这两种情况进行具体分析。

1. 客观突发情况

主播是通过互联网与用户建立联系的，因此要想直播就必须搭建好网络环境。有时候主播会因为一些不可抗拒的客观因素而导致直播无法正常继续下去，比如网络波动、突然停电而断网等。

面对这种情况主播不要惊慌失措，应该马上用手机重新连接直播，或者在粉丝群告知直播中断的原因，向他们真诚地道歉，并给予一定的补偿，粉丝得知缘由就会体谅主播，不会因为这次的小意外而不愉快。

2. 主观突发情况

客观的突发情况一般来说发生的概率比较小，相对来说，人为因素导致的主观突发情况在直播间中会更常见。比如，一些讨厌主播的人或恶意竞争的同行，为了干扰主播的正常直播，会故意在直播间和主播唱反调，破坏直播间的秩序，影响主播的直播节奏。

这类现象在各个行业都存在，主播需要做的就是一旦在直播间出现这种故意捣乱的人，就迅速做出反应，先好言相劝，如果对方不听劝，再将其踢出直播间。

面对人为的突发情况，主播要具备良好的心理素质，从容不迫地应对和处理，这样才能使直播继续顺利进行下去，而不会影响直播的整体效果。例如，在某演讲大会上，某演讲人正在兴致勃勃地给观众演讲，突然一位手拿矿泉水的观众走上台，把整瓶矿泉水直接从演讲人的头上倒下，给演讲人来了个"透心凉"。

但是让人佩服的是，该演讲者在面对这种尴尬的突发情况时非常淡定自若，反应过来之后整理了一下发型，擦掉脸上的水，对泼水的那位观众心平气和地说了一句："你有什么问题（想问吗）？"随后迅速调整状态，继续演讲。他的这种表现获得了在场所有人的称赞和掌声。当然，那位肇事者也马上被安保人员控制了。

培养粉丝运营能力，维护好与粉丝的关系

TIPS 016

对于主播来说，直播中的粉丝运营无疑是非常重要的，只有粉丝数量不断增加，和粉丝之间的情感关系越来越好，才能更好地实现变现，为主播带来更多收益。所以，主播要学会系统地运营和管理自己的粉丝，以便获得更多收益。

那么，主播应该如何有效地进行粉丝运营，维护和粉丝之间的关系，增强主播的凝聚力和粉丝对主播的忠诚度呢？具体来说，直播粉丝的运营有以下几个方法。

1. 满足粉丝的心理需求

绝大多数人都有自己喜欢的明星或偶像，也曾经有过疯狂追星的经历，如果得到了和自己的偶像明星互动的机会或者其个性签名，往往都会欣喜若狂，激动不已，让自己的"虚荣心"得到极大的满足。

出现这种现象主要是因为粉丝对偶像的崇拜会让其更想要与偶像产生交集，

其实，主播和粉丝之间的关系也是如此。所以，主播要想办法满足粉丝的心理需求，进一步提高粉丝对自己的喜爱程度，从而达到更好地运营粉丝的目的。

2. 建立粉丝群

主播要想更好地管理和维护粉丝，比较直接、有效的方法就是建立粉丝 QQ 群或微信群，同时设置几名管理员或者助理帮助主播运营粉丝群。主播平时可以到粉丝群中和群成员交流互动，还可以举办群活动调动粉丝的参与度和活跃性，增加彼此之间的情感交流，提高粉丝对主播的信任度。另外，主播直播时可以将自己的粉丝群号码留在直播公屏上，以便不断地将新粉丝引流至粉丝群，搭建自己的私域流量池。

3. 举办粉丝线下见面会

举办粉丝线下见面会能满足粉丝和主播近距离接触的愿望，有利于主播更直接地了解粉丝的需求，进一步加深彼此之间的联系，让人觉得主播平易近人，从而增强粉丝黏性和凝聚力。

玩转直播常用设备，快速开启你的直播间

俗话说："工欲善其事，必先利其器。"主播要想打造专业的直播间，增加直播内容的观赏性，除了展示自身的才艺和特长，还需要准备好各种设备，包括镜头的选择、灯光效果的调试、背景的设置，以及网络环境的搭建等。本节笔者主要介绍直播间的设备准备，以及环境的搭建，帮助新人主播们打造一个完美的直播间。

1. 直播的摄像头选择

镜头，相当于人的眼睛，通过镜头来记录直播，就相当于用眼睛在看直播。眼睛的状态如何，会影响物体的呈现效果。镜头也一样，不同的镜头类型、款式会直接影响直播视频的呈现效果。

对于普通主播来说，完全可以通过手机自带的摄像头进行直播，但是如果主播们想让直播画面的呈现效果更好，可以采用一台手机加一个外置镜头的搭配方式来补充手机镜头自身的局限性，满足自己对于拍摄技术的要求。

不同类型的镜头，可以满足不同的直播效果。通过镜头的搭配可以使拍摄出来的画面像素变高，呈现更好的拍摄画面。因此，许多主播都会选择购买外置镜

头来进行直播。

那么，该如何选择一款合适的摄像头呢？在选择摄像头时，我们主要考虑两个因素，具体内容如下。

（1）参数

摄像头的功能参数越高，其输出的视频分辨率也就越高，呈现的视频画质也就越清晰。

（2）摄像头的价格

对于大多数普通人来说，购买任何东西都是要有预算的，因此产品的性价比显得尤为重要，因为谁都想花最少的钱体验更好的产品。

2. 直播间的灯光效果

了解摄像头之后，接下来笔者给大家分享打造一个漂亮的直播环境的技巧。说到直播环境，就不得不提直播间灯光的效果设置，这是打造直播环境的重中之重，因为灯光的设置会直接影响主播的外观形象。

摄影是用光的艺术，直播也是如此。为什么有的主播看上去明亮耀眼，而有的则看起来黯淡无光呢？这主要是灯光造成的。直播间的灯光类型主要分为 5 种，其作用如图 2-9 所示。

图 2-9　直播间的灯光类型及其作用

了解了直播间的 5 种灯光类型之后，接下来笔者就来详细讲解每种灯光的设置和摆放，从不同的角度打造不同的灯光搭配，制造出不同的环境效果。

（1）主光

主光灯必须放在主播的正面位置，并且与摄像头镜头光轴的夹角不能超过15°。这样做能让照射的光线充足而均匀，使主播的脸部看起来很柔和，从而起到磨皮、美白的美颜作用。但是这种灯光设置也略有不足之处，那就是没有阴影效果，会使视频画面看上去缺乏层次感。

（2）辅助光

辅助光宜从主播的左右两侧与主光呈 90° 夹角摆放。当然，还有一种更好的设置方法，可以将辅助光放置在主播左前方 45° 或右后方 45° 进行照射。这样做可以使主播的面部轮廓产生阴影，并产生强烈的色彩反差，有利于打造主播外观的立体感。但需要注意的是，灯光对比度的调节要适度，防止面部过度曝光或部分区域太暗的情况发生。例如，在遇到光线不太好或者想改变光线色调时，部分主播便会使用补光灯制造辅助光。

（3）轮廓光

轮廓光要放置在主播的后面，以便形成逆光的效果。这样做不仅能够让主播的轮廓分明，还可以突出主播的主体地位。在使用轮廓光的时候，必须注意把握光线亮度的调节，因为光线亮度太大可能会导致主播这个主体部分过于黑暗，同时摄像头也会产生耀光。

（4）顶光

顶光是从主播头顶照射下来的主光线，其作用在于给背景和地面增加亮度，从而产生厚重的投影效果，这样有利于塑造轮廓的造型，有瘦脸的功效。但要注意顶光的位置距离主播尽量不要超过两米，而且这种灯光也有小缺点，那就是容易使眼睛和鼻子的下方形成阴影，影响美观。

（5）背景光

背景光的作用是烘托主体，为主播的周围环境和背景进行照明，营造各种环境气氛和光线效果。但是在布置的过程中需要注意，由于背景光的灯光效果是均匀的，所以应该采取低亮度、多数量的方法进行布置。

以上 5 种灯光效果的设置是打造直播环境必不可少的，每种灯光都有各自的优势和不足，主播需要进行不同的灯光组合来取长补短。灯光效果的调试是一个比较漫长的过程，需要有耐心才能找到适合自己的灯光效果。

除了了解灯光类型，运营者还需要了解灯光的布局方案。灯光位置的摆放对于直播呈现的效果非常关键，由于直播间的场地一般不会太大，所以建议采取以下两种方式来进行灯光的位置布局。

（1）悬挂灯光

悬挂灯光一般常见于新闻直播间和综艺节目录影棚里。它可以通过合理地搭配主光、轮廓光、背景光、聚光灯和脸部光线，使人物形象立体、生动，同时拍摄或录制的画面的画质会更加清晰。不仅如此，悬挂灯光还可以最大限度地利用场地，即使人物改变位置也能保证光线充足。

（2）便携套灯

便携套灯相对于悬挂灯光来说更加便于携带，适用于多种场合，所需费用也比较少，适合坐播或者站播这种运动范围少且小的场景。需要外出直播时，也非常方便，因为它可以通过拉杆箱，随意进行移动。

3. 直播间的声卡选购

直播实际上是一种视频和音频的输出，视频的输出靠的是高清的摄像头，而音频的输出得靠声卡和麦克风，这 3 样东西是直播设备的核心硬件。所以，直播时不仅要选择一个好的摄像头，还要选择一款好的声卡。声卡主要分为内置声卡和外置声卡两种类型，下面笔者将对这两种声卡类型分别进行详细的介绍。

（1）内置声卡

顾名思义，内置声卡就是集成在台式计算机或笔记本主板上的声卡，现在人们新买的计算机都会预装内置声卡，只需安装对应的声卡驱动就能使其正常运行。

（2）外置声卡

外置声卡需要通过 USB 接口和数据线连接在笔记本或台式计算机上，然后安装单独的驱动（有些外置声卡插入即可使用），最后将内置声卡禁用，选择新安装的外置声卡作为默认播放设备即可。

内置声卡和外置声卡的区别还是比较大的，接下来笔者将从 3 个方面来讲述它们之间的区别，如图 2-10 所示。

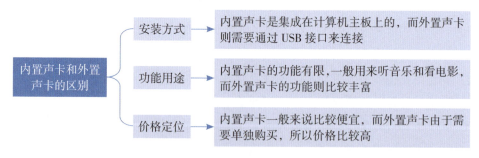

图 2-10　内置声卡和外置声卡的区别

和摄像头的选择一样，声卡的选购同样要考虑其性价比。当然，如果预算充足，主播可以选择适合自己的声卡类型，以便获得更好的直播音效。

4. 直播的电容麦选择

说完声卡，我们再来看直播间麦克风的选择。麦克风俗称"话筒"，主要分为电动麦克风和电容麦克风两种类型，而电动麦克风又以动圈麦克风为主。当然，还有一种特殊的麦克风，就是我们在电视上或者活动会议上常见的耳麦，耳麦是耳机与麦克风的结合体。

下面笔者分别介绍动圈麦克风和电容麦克风的区别和特点，如图 2-11 所示。

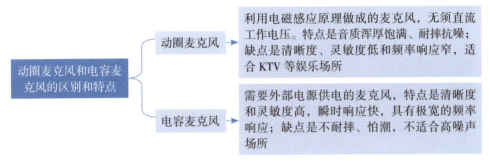

图 2-11　动圈麦克风和电容麦克风的区别和特点

绝大多数主播一般用的都是电容麦克风，电容麦的质量决定了主播直播间音质的好坏，从而影响到直播的整体效果，所以选择一款高品质的电容麦克风对主播来说非常重要。

主播在选择电容麦克风时，可以从一些专注于研发话筒、耳机的知名品牌生产的产品中进行选择。当然，大家也可以自行选择自己喜欢的电容麦克风进行购买。

5. 计算机和手机的选购

如今的直播行业可谓红红火火，非常吃香，很多人都想进入这个行业来捞金。直播的载体有两种，一种是计算机，另一种是手机。那么，如何选购适合进行直播的计算机和手机呢？接下来笔者就来分析。

（1）计算机

从事专业直播的人群一般来说都有一定的才艺技能、理论普及和经济能力，他们所采用的直播设备就是台式计算机和笔记本，而直播对于这类设备的配置要求都是比较高的，高性能的计算机与主播直播的体验是成正比的。所以，接下来笔者就从计算机配件的各部分参数进行分析，给主播推荐合适的计算机设备，以帮助大家提升直播的效果。

·CPU 处理器。CPU 的性能对计算机的程序处理速度来说至关重要，CPU 的性能越高，计算机的运行速度也就越快，所以在 CPU 的选择上千万不能马虎或将就。一般来说，选择酷睿 i5 或 i7 的处理器比较好。

· 运行内存条。内存条的选择和 CPU 一样，要尽量选择容量大的。因为计算机运行内存容量越大，计算机文件的运行速度相应的也就越快。对于直播来说，计算机内存的容量不能低于 8GB，如果预算充足，选择 8GB 以上的内存条更佳。

· 硬盘类型。现在市场上流行的硬盘类型一共有两种，一种是机械硬盘，另一种是固态硬盘。这两种硬盘各自的比较如图 2-12 所示。

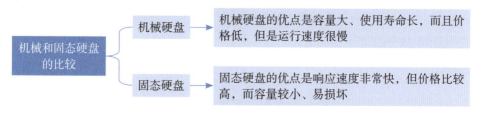

图 2-12　机械硬盘和固态硬盘的比较

随着科学技术的不断进步，现在固态硬盘的生产技术也越来越先进、成熟，所以这也导致了固态硬盘的销售价格不断降低，容量也在不断扩大，也就不用担心选购固态硬盘的成本预算问题了。

· 显卡。体现计算机性能的又一个关键配件就是显卡，显卡参数的高低会影响计算机的图形处理能力，特别是在运行大型游戏及专业的视频处理软件的时候，显卡的性能就显得尤为重要。计算机显卡对直播的效果也有一定的影响，所以尽量选择高性能的显卡型号。

（2）手机

随着移动通信技术的不断进步，5G 时代即将到来，手机的网速也越来越快，这一点笔者深有体会。4G 网络普及后手机的网速已经能够达到流畅地观看视频的地步，这就为手机直播的发展提供了必要的前提条件。

与计算机直播相比，手机直播更加简单和方便，主播只需一台手机，然后安装一款直播 App，再配上一副耳机即可进行直播。当然，如果觉得手持手机直播有点累，也可以为手机加个支架进行固定。

手机直播适用于那些把直播当作一种生活娱乐方式的人或者刚入直播的新人，因为手机的功能毕竟没有计算机强大，有些专业的直播操作和功能在手机上是无法实现的。直播对手机配置的要求没有计算机那么高，虽然如此，但对于手机设备的选购也是需要经过一番仔细考虑和斟酌的。

手机的选购和计算机一样，也要稍微注意一下手机的配置，然后在预算范围内选择一款自己喜欢的手机款式即可。这里笔者就不具体推荐某一款机型了，因为如今手机行业的技术和功能更新越来越快，而且市场也已经接近饱和，"手机饭圈化"现象十分严重，同一个手机品牌，同等价位的机型其配置及功能几乎都一样，只不过是换了个外观和名字而已。

以上就是关于计算机和手机的介绍，以及选购推荐。其实，不管用什么设备进行直播，只要能为用户创造出优质且有趣的直播内容，就能成为一名优秀的主播。

6. 直播间的其他设备

除了前面所讲的摄像头、灯光、声卡和电容麦克风这些主要的直播设备，主播还需要对直播的其他设备有所考量，比如，对网络宽带的要求、手机或电容麦克风的支架和监听耳机等。下面笔者就来介绍这些设备的选择及要求。

（1）网络宽带

直播主要是通过互联网与用户建立沟通与联系的，所以没网是万万不行的，特别是对专业做直播的主播来讲，必须在直播的地方安装网速足够的宽带。直播对于流量的消耗是非常巨大的，即便是业余直播，也要在有 Wi-Fi 的环境下进行，否则只用流量的话，直播的成本是难以维持的。

目前市场上的通信运营商主要有 3 家，分别是：中国移动、中国联通和中国电信，大家根据自己的实际情况选择即可。至于宽带网速和套餐的选择，笔者建议至少选择 50 兆以上的宽带套餐。

直播间的网络状况决定了直播是否能够顺利地进行，如果宽带网速不给力，就会造成直播画面的延迟和卡顿，不仅会严重影响主播的直播进程，而且也会大大降低用户的观看体验感，导致用户中途离去，造成直播间人气的波动。

（2）直播支架

在直播的时候，不管是计算机直播还是手机直播，主播都不可能长时间用手拿着电容麦克风或手机。这时候就需要用支架来进行固定，这样能使主播更加轻松愉快地进行直播，非常实用和方便。

在选择直播支架时，大家可以在淘宝、天猫和京东等电商平台中搜索"直播支架"，然后从搜索结果中进行选择。

（3）监听耳机

在直播中，主播为了随时关注自己直播的效果，需要使用监听耳机，以便对直播的内容进行优化和调整。监听耳机是指没有经过音色渲染的耳机，可以听到最接近真实的、未加任何修饰的音质，它被广泛应用于各种领域，如录音棚、配音室、电视台，以及 MIDI 工作室等。

监听耳机主要具备两个特点：一是频率响应足够宽、速度快，能保证监听的频带范围内信号失真尽量小，具有还原监听对象声音特点的能力；二是坚固耐用，容易维修和保养。

那么监听耳机和人们平时用的普通耳机究竟有什么不同呢？笔者总结了几点区别，如图 2-13 所示。

监听耳机和普通耳机的区别

因为监听耳机没有经过音色渲染，所以对声音的还原度高，保真性好；而普通耳机一般是经过音色渲染和美化的，所以声音听起来更动听

监听耳机能有效地隔离外部杂音，能听到清晰、准确的声音，隔音效果非常好；而普通耳机的封闭性一般，经常会出现漏音和外界杂音渗入的情况

监听耳机主要用于现场返送、缩混监听、广播监听、扩声监听、和用监听的场景中，以提高声音的辨识度；普通耳机一般用于听音乐、看电影、玩游戏等娱乐方面

监听耳机为了保证声音的保真性，制作材质普遍较硬，所以佩戴舒适度一般；普通耳机的质量较轻，设计也符合人体结构学，所以佩戴比较舒适

图 2-13　监听耳机和普通耳机的区别

关于监听耳机的选购大家可以参照前面笔者说过的直播支架购买方法，去电商平台搜索相应的关键词，选择自己喜欢或者合适的产品。

7. 直播间的装修布置

购买到一整套直播必备的设备之后，接下来就到了最重要的环节了，那就是设计一个符合自己直播风格的直播间。漂亮、美观的直播间能提升用户观看直播的体验感，为主播吸引更多流量。

那么，该如何打造较为完美的直播间呢？接下来笔者将从直播间空间的大小、背景的设置、物品的陈设和室内地面 4 个方面来详细分析直播间的装修布置。

（1）空间大小

直播间的空间大小宜在 20 ~ 40 平方米，不能过大，也不能太小，空间太小不利于物品的摆放和主播的行动，空间太大会造成空间资源的浪费。所以，主播在选择直播场地时，应该根据自己的实际情况来分配空间大小。

（2）背景设置

直播间背景的设计原则是尽可能简洁大方、干净整洁。因为不仅主播的外观造型是用户对直播的第一印象，直播间的背景同样也能给用户留下深刻的印象。所以，直播间的背景墙纸或背景布的设计风格可以根据主播的人设、直播的主题和直播的类型来选择。

例如，如果主播是一位元气满满的美少女，就可以选择可爱风格的 HelloKitty 主题墙纸作为直播间的背景；如果直播以庆祝生日或节日为主题，那么就可以选择明亮、鲜艳的墙纸作为直播间的背景；如果直播是专门销售某品牌的产品，可以将贴上了品牌 LOGO 的墙面作为背景。

（3）物品陈设

和直播间的背景设置相同，直播间物品的摆放也是要讲究的，房间的布置同样要干净、整洁，物品的摆放和分类要整齐有序，这样做不仅能够在直播的时候做到有条不紊，而且还能给用户留下一个好的印象。

杂乱的房间布置会影响直播的观感，所以每一位新人主播尤其要做好物品的摆放和直播间的布置。直播间的物品种类陈设可以根据直播的类型来设置和确定，如果是美妆类直播，那么可以放口红、散粉、眼线笔和面膜等；如果是服装类直播，那么可以放衣服、裤子和鞋等；如果是美食类直播，就可以放各种零食。

直播间物品的陈设一定要符合直播的风格或者类型，这样才能提升主播的专业度和直播间的档次，才会吸引更多用户观看直播，这样的直播才能获得预期的销售额。

（4）室内地面

如果主播们想要让直播间更精致一点，可以选择在直播间的地板上铺设吸音地毯，这样做既给细节加分，又可以大幅度降低直播时的噪声。另外，选择地毯时尽量选择浅色系的，因为浅色系的地毯可以搭配更多的产品，而且打理起来也更方便一些。

学会直播互动技巧，巧妙与用户进行互动

　　主播在与粉丝互动的过程中一定要十分注意自己的一言一行，作为公众人物，主播的言行举止会对社会产生巨大的影响。此外，主播还要避免一些可能会对用户造成心理伤害的玩笑。主播在与用户沟通交流互动时要重点考虑 3 个问题，如图 2-14 所示。

图 2-14　与用户互动时要考虑的问题

　　注意说话的时机是一个人良好的语言沟通能力的重要表现，所以主播在说话之前都必须把握好用户的心理状态，考虑对方的感受。

　　例如，在现实生活中，当你向某人提出意见或请求时，如果他当时正在气头上，那么你说什么他都听不进去；如果你选择在他遇到好事而高兴的时候和他讲，他就会欣然接受，马上答应你的请求。可见，之所以会产生两种截然不同的结果，关键在于说话的时机，以及听话人当时的心理状态。这就是把握说话时机的典型案例。总而言之，只有选对说话的时机，才能让用户接受主播的意见，这样双方的交流互动才有效果。

　　除了要把握说话的时机，学会倾听也是主播在和用户沟通交流中必须要养成的习惯，懂得倾听别人说话是尊重他人的表现，这样做能使主播快速获得用户的好感。同时，在倾听的过程中，主播也了解了用户的需求，可谓一举两得。

　　在主播与用户互动的过程中，虽然表面上看起来好像是主播在主导话题，但实际上却要以用户的需求为主。主播想要了解用户的需求和痛点，就一定要认真地倾听他们的诉求和反馈。

　　主播在和用户沟通交流时，姿态要谦和，态度要友好。聊天不是辩论比赛，尽管每个人的观点或主张都不一样，但没必要分出对错输赢。主播要明白，人与人之间的交往最重要的是彼此尊重、互相理解。有的时候，对并没有用。主播在与用户交流沟通的时候，应该要做好 3 个方面的工作，即理性思考和对待问题、灵活应对尴尬的窘境和把握沟通交流的分寸。

主播在直播的过程中，有时候会遇到这样的用户群体，他们敏感、脆弱、容易发脾气，容不得别人说他的不是，否则就会觉得自己的尊严受到了侵犯。这些人有一颗"玻璃心"，或者说比较自卑。

这类人笔者在现实生活中也遇到过，所以笔者根据自身的经验和经历给主播的建议是尽量不要去触碰他们敏感的神经，不予理睬就好。因为自卑之人的典型特征就是完全以自我为中心，听不进其他意见，也不会顾及他人感受。如果他们无理取闹，扰乱直播间的正常秩序，必要时可以进行踢除。

参加官方直播活动，深挖主播自身优势资源

现在直播行业面临的一个问题就是流量不够分，顶级的主播不愁流量，而中小主播则没有流量。这时，中小主播们可以积极参与各种直播平台的官方活动。

对于官方发布的活动，主播们要积极参与、认真准备。直播平台自然会为参加官方活动的主播主动提供流量扶持，从而达到提高官方活动参与度的目的。

以抖音平台为例，运营者和用户只需 ❶ 点击直播间中的"更多直播"按钮，便可在弹出的列表框上方看到相关的直播活动的入口卡片；❷ 点击该卡片，便可进入直播活动说明界面，查看直播活动的相关信息，如图 2-15 所示。

图 2-15　查看抖音主播活动的相关信息

此外，主播要想脱颖而出、与众不同，一定要把自己拥有的优势、长处和专业进行充分的深挖，并通过直播展现出来，这样才能让直播获得更多流量、提高主播的知名度。

主播要把自己"擅长"的，发展为"专业"的，而这份"专业"，可以变成强有力的"竞争力"，从而吸引更多的用户。例如，某主播利用自身的特长，在海内外的视频网站上发布了大量与饮食有关的视频，形成了自己独有的品牌竞争力。如图 2-16 所示为某主播发布的美食短视频。

图 2-16　某主播发布的美食短视频

第3章

人设打造：
8 个技巧让主播更具魅力

学前提示

各短视频和直播平台上的 TOP 级网红之所以能被广大用户记住，关键就在于这些网红都有属于自己的人设（即人物设定）。

那么，我们应该如何打造人设，增加人设的魅力，更好地开启主播的网红之路呢？本章笔者就来重点讲解打造主播人设的 8 个技巧。

要点展示

· 人设经营：增加人设自身信任度

· 人设影响：用好你的"第一印象"

· 确定类型：选择合适的人设类型

· 对标红人：找到精准的人设参考

· 设定标签：增加直播的搜索人气

· 直播知识：帮助主播更轻松地直播

· 个人技能：培养优秀主播的特质

· 品牌 IP：营造个人品牌影响力度

人设经营：增加人设自身信任度

人设，从字面上可以知晓其含义，就是对人物形象的设定。"人设"一词最开始是出现在动漫、漫画和影视中的专业词汇，主要是指给特定的对象设定其人物性格、外在形象和造型特征等。

现在，"人设"这个词汇开始不断地出现在公众视线中，它也成为人际交往中一直被提及的一个概念。在日常生活中，人设的传播效果能够在一定程度上影响现实中的人际交往。

人设经营及对人设崩塌的应对，开始成为人们在人际交往中必须要思考的问题。现在，"人设"的用途有了更广的范围，它不再只是单纯地用在动漫、漫画上面，而是开始出现在现实生活中的方方面面。

"人设"的作用和功能也开始显现。在娱乐圈中，"人设"已经是一种最常见的包装、营销手段，许多艺人都被贴上了某一种或多种人设标签。例如，某明星的"高情商""温柔"人设，某明星的"音乐天才"人设等。

这些和实际情况相符合的人设，让艺人们更具有识别度和认知度，能够不断地加深他们在外人眼中的形象，扩大他们的影响力。当然，演艺圈里更多的还是根据观众的需要，主动贴合观众和粉丝的喜好，从而创造出某种人设。这是因为艺人们可以通过创造人设，丰富自己的形象，让观众对其产生深刻的印象，从而保证自己拥有一定的流量。

直播的主播们在某种程度上也和明星有一些相似之处。例如，他们都是粉丝簇拥的公众人物；都需要粉丝的关注和追随，以便更好地展现出自己的形象，拓宽自己的影响力。

这也表明想要在直播行业中发展得更好，主播也需要树立自己的"人设"。因为只有通过准确的人物形象设定，才会有观众来发现、了解你，让你在众多主播中脱颖而出。

和那些有自己的人设标签的主播相比，一些没有树立起鲜明人物形象的主播就会显得缺乏记忆点。这就是为什么在直播间里，能创造出高价销售额的主播不止一个，但是大家能说出名字的，却往往只有几个比较有特色的。

大家可以初步认识到，人设的力量是无穷的，人设的影响力也是无形的。所以，主播需要明白，树立好自己的人设，在后续的吸粉、引流中有重要的作用。只有学会运用人设去抓住用户的目光，让用户对你的直播感兴趣，才能更好地在直播的道路上迈向成功。

对于主播来说，不仅要确定好自己的人设，更要学会如何去经营人设，这样才可以保证自身树立的人设能够得到广泛的传播，达到自己想要的目的。

"人设"的经营是一项需要用心去做的事情，只有这样才能使自己的"人设"成功树立起来。具体来说，主播可以从 4 个方面做好人设的经营。

（1）选择符合本身性格、气质的人设

主播应该根据自己的实际情况来挑选和塑造人设，这样才能起到较好的传播效果，如果人设和自身的真实性格差别较大，很容易导致传播效果出现偏差。此外，树立的人设和自己的性格如果相差太大，也容易出现人设崩塌的可能性。

（2）根据自身人设采取实际行动

实际的行动永远比口头上说一百次的效果有力得多。当向外界树立起自己的人设后，要根据自身人设采取实际行动，这样你才会有信任度，这也是人设经营中的基础和关键之处。

（3）根据他人的反馈及时调整

人设传播的直接体现就在于他人对于某人设的反馈，所以主播可以了解身边的工作人员和朋友对自身"人设"的反应。这样主播可以及时地对自身人设进行一些合理的改进和调整，尤其是可以及时地更新人设形象，使它更加符合大众想看到的模样。

（4）开发、树立多方面的人设

单一的人设虽然安全，在经营上也比较轻松，但是这可能会使人物形象过于单调、片面。毕竟人的性格本身就是多样化的，开发、树立多面的人物设定，可以让人物的形象更加饱满，使人物的形象更有真实感。

此外，不同的人设，可以吸引到不同属性的用户，也可以满足用户的好奇心和探究欲，让他们想更加了解你。

这种多方面的人物设定，有利于增加自身形象的深度，也能维护用户对自己形象的新鲜感。例如，人物角色的两种反差设定，可以使人物形象更加丰富、立体，从而使自己的形象更加出色。

但是，读者需要注意的是，主播在树立多种人设形象时，这些人设的风格、类型最好不要相差太大，否则"人设"和"人设"之间就会显得自相矛盾，不真实。

人设影响：用好你的"第一印象"

"第一印象"这个词汇大家都不陌生，大家常常会说起的话就是"当时对谁谁的第一印象怎么样，后来发现怎么样"。比如，一些成语就体现了"第一印象"的关键作用，例如，"一见如故""一见钟情"，它们都是在"第一印象"的作用下产生的一系列行为和心理反应。

在人设运营中，"第一印象"自然也就有着重要的作用，这是非常重要的一点。下文将向各位读者介绍关于"第一印象"的知识，从而帮助主播树立起良好的个人形象。

第一印象是光圈效应的铺垫，同时也是运营人设的一个重要环节，它的重要性可见一斑。而非常幸运的是，第一印象是能够人为经营和设计的。这表示，主播可以通过人为制定自己的内外形象、风格，重新改变自己给他人带来的第一印象，从而塑造出成功的"人设"形象。

第一印象的形成，对于之后在人际交流中获得的信息有着一定程度的固定作用。这是由于人们总是愿意以第一印象作为基础、背景，然后在这个基础上，去看待、判断之后接受的一系列信息，这种行为会让人产生固定的印象。

例如，某明星在电视剧里的白娘子角色，在很多人心里，她永远都是温柔、典雅、善良的形象；通过《还珠格格》一炮而红的演员们，即便是到 2020 年，大部分人对于他们的形象，都还保持着固定的感受和记忆。

确定类型：选择合适的人设类型

大众对于陌生人的初次印象往往是不够突出、具体的，而且还存在一定的差异性。大部分人对陌生人的印象，基本处于一个模糊的状态。

其实，个人所表现出的形象、气质，完全可以通过人设的经营来进行改变。例如，可以通过改变人物的发型，塑造出和原先不同的视觉效果，使人产生新的人物形象记忆，从而有利于人设的改变。

在人际交往之中，通过利用主观和客观的信息来塑造人设，从而达到预期的传播效果，是人设经营的根本目的。人设经营，可以说是在他人看法、态度和意见的总结之上不断地进行调整和改进的，也是一种在社会上生存的手段。

学会打造独特的人物设定，可以使主播拥有与众不同的新颖点，在人群中脱颖而出。此外，对外输出效果的好坏，直接决定了人设经营是否成功。要打造出独特的人物设定，首先要做的就是选择合适的人设类型。

确定自己的人设类型是否合适、恰当，需要考虑的关键，就是是否满足了自身所面向的群体的需求，因为人设的塑造，最直接的目的就是吸引目标群体的关注。

人设可以迎合受众的移情心理，从而增强用户群体对其人设的认同感，这样才可以让受众愿意去了解、关注主播。所以，在人设塑造过程中，确定好人设的类型是一个关键。对于主播来说，确定合适的人设可以快速引起用户的兴趣，刺激用户持续关注直播内容。

需要格外注意的是，主播在塑造自己的人设时，应该以自身的性格为核心，再向四周深化，这样便于之后的人设经营，同时也能增加用户对于人设的信任度。确定好人设类型后，主播还要进一步考虑自己的人设是否独特别致。

对于想从事直播销售的新人主播来说，前面已经有一批成熟的销售主播，这时主播想要从中脱颖而出，是需要耗费一定的精力和时间的。

主播可以考虑在那些还没有人使用的人设类型里，找到适合自己的人设标签，继而创造出自己独一无二的人设。虽然这种人设有点难以找到，但是对于新人主播来说，完全可以利用这个鲜明独特的人设，树立起自己的主播形象。

TIPS 023　对标红人：找到精准的人设参考

人格魅力的产生，很大程度上源于用户对主播的外貌、穿衣打扮的一个固有形象的印象，以及主播在直播间表现的性格。一个精准的主播人设，可以拓展直播的受众面，吸引到感兴趣的用户。

精准的人设，是指当人们说到某一行业或内容时，用户就能想到具体的人物。而主播要做的就是在学习他人成功经验的基础上，树立自己的精准人设，让自己成为这类人设标签里的红人。

例如，一个男主播要想成为口红带货的 TOP 级主播，可以先参照"口红一哥"的成功经验进行直播，并在直播中树立起自己的独特人设（如站在用户的角度思考问题，只为用户推荐高性价比口红的真诚主播形象），通过持续直播让自己慢慢成为口红直播行业中的红人。

设定标签：增加直播的搜索人气

一个人一旦有了一定的影响力，就会被所关注的人在身上贴上一些标签，这些标签就可以组合成一个虚拟的"人"。当提到某个标签时，许多人可能会想到一些东西，这并非只是想到一个单纯的名字，而是某人带给他的印象或标签，比如严谨、活泼、可爱和高冷等。

主播也可以试着把这些人设标签体现在主播名称和直播标题中。这样，一旦有人在直播搜索栏中搜索相关的标签，就有可能搜索到你。如图 3-1 所示为在 B 站直播中搜索"可爱"的结果。

图 3-1 在 B 站直播中搜索"可爱"的结果

树立人设的一个关键作用就是让主播可以和其他主播区分开来，所以当主播在选择自己人设标签的时候，必须和其他主播的人设区分开来。为了避免出现同年龄、同类型的主播人数太多，无法有效突出自己的人设形象等问题，主播在选择人设形象时，要选择便于用户搜索、区分的人设。

主播之间人设类型的多样性，正是通过细分人设这种方式，去减轻主播之间的竞争力度的。对于主播来说，人设就代表着自身形象的魅力和特色。

主播只要把自己设定的形象不断地向用户进行展示和强化，自然可以给他们留下独特深刻的印象，所以塑造人设的基本策略就是体现差异化，人设类型一定要可以让用户鲜明地区分出来。

下面介绍几种主播人设类型，帮助读者了解不同人设的特点、风格，从而更好地寻找有特色的人设标签。

1. 人美声甜的"邻家小妹"

这种人设的主播，一般外形很可爱，声音好听，给人的感觉比较活泼、可爱。如果从事男装直播销售，这种人设更加能够吸引用户的关注。

这类主播在塑造自己的人设时，大致有两种表现方法，一种是主播在直播时，通过发型、饰品来巩固自己的人设类型。例如，主播可以简单地利用草帽、发带这种饰品体现自身的人设风格。

另一种主播展现自身人设形象的方式就简单一些，由于她们本身的形象非常贴近邻家风格，所以在直播的时候，只需通过简单的马尾或丸子头就可以体现出自身的人设形象。

2. 形象和外表反差的"男友"

这种人设的表现为外表是美丽的女性，但其肢体语言却非常简洁、帅气，有"男友"风格，这类主播在直播间的穿着风格看起来比较干练、中性。

这种具有反差的人设，不仅能吸引男性用户的关注，还能吸引女性用户的追随，满足她们希望被人保护的心理。

3. 专业暖心的"大姐姐"

这种人设的主播通常都具有一定的专业知识，能够给观看直播的用户一些有用的建议。同时，她们往往会从为用户考虑的角度进行商品的推荐，让人看上去觉得主播就是一个暖心的"大姐姐"。

观看直播的用户中有80%以上都是女性，因此，主播要学会抓住女性的兴趣和目光，获得她们的信任及追随。这种拥有大量时间去观看直播的女性用户，不仅拥有较多的购买需求，而且具备一定的购买能力。观看直播的女性群体一般可以分为两大群体，如图3-2所示。

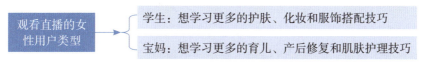

图3-2　观看直播的女性用户类型

这两类人群都对于技巧非常渴望，她们希望遇到一个专业的人来带领她们。而专业暖心的"大姐姐"人设，就可以很好地解决她们的疑惑，满足她们的心理需求，让她们可以放心地购买商品。

直播知识：帮助主播更轻松地直播

在进行直播之前，必须要了解和掌握关于直播的知识。接下来笔者将讲述一些直播知识和技能，从不同角度和方向帮助大家轻松地进行直播。

1. 打造试听盛宴

在直播中，好的视听效果能为主播的直播间锦上添花，视觉效果通常能影响人的第一印象，好的形象能吸引人的眼球，获取更多的用户流量。下面笔者将总结几点提升直播间视觉艺术及听觉艺术的技巧。

（1）直播妆容

在直播妆容的选择上，因为直播需要面对镜头，所以直播时选择的妆面会比日常的妆容稍重，尤其是秀场直播。如果主播的面容太憔悴或者气色不好，会引起用户的讨论，甚至让许多用户没有心情继续观看你的直播。

那么，如何选好择容呢？首先，主播要选择干净和透彻的底妆，可以在上粉底之前，利用遮瑕对肌肤进行初步调整。其次，要选择合适的粉底或者 BB 霜。最后，要通过一定的技巧增强妆面效果。例如，主播可以通过戴美瞳、画眼线和戴假睫毛等方式，让自己的眼睛看上去更大。

另外，因为镜头前的妆感会被削弱，所以需要适当加强五官的立体度。主播可以选择大地色的哑光眼影对眼睛的轮廓进行加强，让眼睛显得更深邃；可以通过修容对鼻子两侧、脸颊和颧骨下方进行一些修饰。

（2）直播服饰

在服饰的选择上，首先选择服饰的颜色。对于黄皮肤或者皮肤偏黑的主播来说，可以选择暖色调且饱和度低的颜色，例如豆沙粉、樱桃红、雾面蓝、抹茶绿和生姜黄等；皮肤白的主播则可以选择更多的颜色。其次选择服装的款式，对于瘦小肩窄的主播，可以选择较宽松或者带有泡泡袖的衣服；身材中等的主播可以选择 V 领、小 V 领和方领的衣服。此外，佩带稍大的耳饰，也能修饰脸型。

（3）直播角度

直播的角度可以是正面或者侧面，也可以是全身或者半身，不同的直播类型所需要的角度不同。例如，服装直播更多倾向于全身出境；游戏直播则大多只需要半身出境即可。

（4）表情管理

表情管理在直播中也非常重要，否则直播完成后，可能会出现许多表情包式的截图。那么，如何做好表情管理呢？需要主播在线下对着镜子仔细观察，寻找适合自己的表情角度。

2. 了解直播变现方式

对于大多数运营者来说，之所以要进行直播，就是因为通过直播能够有效地进行变现。具体来说，常见的直播变现方式有 3 种，下面笔者将分别进行分析。

（1）直播卖货

通过直播，主播可以获得一定的流量。如果主播能够借用这些流量销售产品，让用户边看边买，便可直接将用户变成潜在消费者。相比于传统的图文营销，这种直播导购的方式可以让用户更直观地把握产品，因此，直播取得的营销效果往往也要比图文营销更好一些。

以抖音直播为例，如果运营者在直播中添加了产品链接，那么，用户在观看直播过程中只需点击🛒图标，便可以在弹出的产品页面中查看直播间销售的产品，如图 3-3 所示。如果用户要购买产品，只需点击产品右侧的"去购买"按钮，并根据提示进行操作，便可快速完成下单。而用户下单之后，运营者便实现了变现。

在通过直播卖货进行变现时，运营者和主播需要特别注意两点。其一，主播一定要懂得带动气氛，吸引用户驻足。这不仅可以刺激用户购买产

图 3-3　查看直播间销售的产品

品，还能通过庞大的在线观看数量，让更多用户主动进入直播间。

其二，直播中要为用户提供便利的购买渠道。因为有时候用户购买产品只是一瞬间的想法，如果购买方式太麻烦，用户可能会放弃购买。而且在直播中提供购买渠道，也有利于主播为用户及时答疑，提高产品的成交率。

（2）直播打赏

对于在那些有直播技能的主播来说，最主要的变现方式就是直播。用户在观看主播直播的过程中，可以在直播平台上充值购买各种虚拟的礼物，在主播的引导下或自愿打赏给主播，而主播则可以从中获得一定比例的提成收入。

这种变现方式要求人物 IP 具备一定的语言和表演才能，而且要有一定的特点或人格魅力，能够将粉丝牢牢地"锁在"你的直播间，而且还能够让他们主动为你花费钱财购买虚拟礼物。

在许多人看来直播就是在玩，毕竟，大多数直播都只是一种娱乐。但是，不可否认的一点是，只要玩得好，玩着就能把钱给赚了。因为主播们可以通过直播，获得粉丝的打赏，而打赏的这些礼物又可以直接兑换成钱。

当然，要通过粉丝送礼，玩着就把钱赚了，首先需要主播拥有一定的人气。这就要求主播自身要拥有某些过人之处，只有这样，才能快速积累粉丝数量。

其次，在直播的过程中，还需要一些粉丝进行暖场。如图 3-4 所示为粉丝给主播送礼物的相关界面，可以看到在画面中，用户都是扎堆送礼物的。之所以会出现这种情况，粉丝暖场可以说是功不可没的。

这主要是因为，很多时候人们都有从众心理，所以，如果有粉丝带头给主播送礼物，其他人也会出于好奇跟着进行打赏。

图 3-4　粉丝给主播送礼物的相关界面

（3）粉丝运营

有一部分人开直播并不是为了直接卖货或者获得打赏。那么，他们为什么还要花费时间和精力来进行直播呢？这主要是因为抖音直播除了可以卖货和获得打赏，还是进行粉丝运营的一种有效渠道。

通过抖音直播，账号运营者不仅可以拉近与粉丝的距离，还可以将线上的粉丝引导至线下，或者吸引用户通过私聊进行合作。

图 3-5 所示的两个直播中，明明是在展示服装，但却没有出现购物车图标，也就是说这两个直播中并没有直接销售商品。那么，如果用户要买直播中的服装该怎么办呢？其中一种比较有效的方法就是和账号运营者进行私聊。

图 3-5　没有🛒图标的抖音直播

3. 直播带货的误区

虽然直播带货能给直播平台和主播带来很多利益，但在直播营销的过程中也存在着方方面面的误区。主播要了解和认识这些误区，只有避免陷入误区，才能让自己的直播健康地发展下去。下面笔者就来讲解直播带货的常见误区。

（1）依赖平台，经常跳槽

直播行业平台的竞争是十分激烈的，平台之间相互挖人也并不少见。俗话说："名气越大，机会越多"，一些大主播成名以后，就会有其他直播平台想出高价挖走主播。

很多主播因为觉得其他直播平台开价高、待遇好，所以选择跳槽。实际上，这种做法是非常不可取的。巨大的利益面前也有风险，对于主播而言，一个主播需要长期的积累，才会拥有百万或者千万关注你的粉丝。放弃原有的粉丝，去另一个平台从零开始，是一个非常冒险的举动，一不小心就会丢掉忠实的粉丝，无法从头再来。

例如，某位非常火的主播跳槽到其他直播平台以后，人气下滑。而且其跳槽的直播平台不久后就倒闭了，而该主播则变成了一个名不见经传的小主播。

比起跳槽，更为严重的是，有些主播不光跳槽还因为违约与平台发生纠纷，被平台索要千万赔偿。

例如，某主播跳槽前直播日均 4 万 + 的弹幕数，在全网同类直播中排名前十。后来该直播毁约跳槽到其他直播平台，还发微博抨击之前的平台拖欠工资、待遇不好。但是对方并不认可这种说法，并把该主播告上了法庭，让该主播赔偿千万违约金。

因为跳槽到了新平台，再加上官司缠身，该主播在新平台同类直播中的排名远不如之前，在全网的排名更是直接跌到了 400 名以外。而该主播的带货能力和被打赏金额与之前相比也相差甚远。

（2）盲目从众，赚不到钱

直播市场出现了表面繁荣发展、热热闹闹，实际上与产生的经济效益却不相匹配的现象。大部分新手主播，看到很多知名的主播一晚上就能赚上万元，于是盲目从众，纷纷想转入主播行业。殊不知，直播行业里没有赚到钱的小主播数不胜数。这些小主播之所以赚不到钱，主要有两个原因。

①流量有限，竞争激烈。由于现在的直播栏目太多，直播带货的栏目也多，其中很多都是相似的主题、相似的产品，用户大多会倾向一些有知名度的主播，平台的很多流量也都给了大主播。因此，剩下的小主播初期很难吸引用户驻足，想要在直播平台获得更大的曝光并不容易。

从用户的角度来看，由于网络上可供选择观看的直播类型太多，用户的实际购买力度较低，甚至不能产生购买行为。所以，直播行业远没有我们想象的那么乐观，主播如果盲目从众进入直播行业，结果可能并不如预期。

②没有名气，机会越来越少。很多从业多年的主播都表示，主播只是外表光鲜亮丽，并没有那么容易就赚钱。在现实生活中，顶流只有有限的几个，剩下的全部都是没有名气的小主播。等到年纪大一点以后，这些小主播的机会就越来越少了。

　　主播和明星一样都可以说是属于"吃青春饭"的一类人，长江后浪推前浪，每一年都会有一批新主播进入直播行业，不断地吸引着用户的目光。老主播的流量会逐渐被新主播抢走。对于没有明确直播方向的人，盲目从众并不可取，一定要三思而后行。很多小公司招聘主播，门槛极低，不要学历，不看能力，有的甚至不要口才和外貌，就以高薪吸引年轻人加入。

　　直播平台上有一些年纪非常小的主播，拉票 PK，输了的就要接受惩罚，然而很多用户都不会为这些主播消费。因为这些主播没有才艺，也没有和用户沟通聊天、制造与用户相关话题的能力，主播说得最多的就是"小哥哥在吗？""帮帮我吧！""给我点支持！"等，这种没有任何表演就乞求用户打赏的行为，自然不会得到用户的支持。

　　主播收入一是靠打赏，二是靠卖货，无论是哪一种，都需要主播具备足够的人气。有粉丝才会有流量，有流量才能接广告、开淘宝店和带货卖货等。如果主播直播了很长一段时间，仍然没有树立起吸粉的人设，或者不能保持自身的人格魅力等，那么要想获得高收入是非常困难的。

　　（3）非法侵扰，侵犯隐私

　　在直播过程中，部分主播存在侵犯他人肖像权和隐私权的问题。比如，一些直播将商场、人群作为直播背景，全然不顾他人是否愿意上镜，这种行为极有可能侵犯他人肖像权和隐私权。自从直播逐渐渗入人们的日常生活，用户已经没有隐私，反倒成为别人观看的风景或他人谋利的工具。

　　隐私权的特点主要体现在两个方面，第一，隐私权具有私密性的特征，权利范围由个人决定；第二，隐私权由自己控制，公开哪些信息全由个人决定。当我们处在公共领域中时，并不意味着我们自动放弃了隐私权，可以随意被他人上传至直播平台。我们可以拒绝他人的采访，也有权决定是否出现在直播之中。我们在公共空间中有权行使我们的隐私权。

　　因此，在直播时强制要求他人出境，或者恶意诋毁他人的这种非法侵权行为是非常错误的。例如，某家餐厅为了做宣传，在店里安装了摄像头，在很多食客不知情的情况下，直接直播食客的吃相，用于宣传店铺。

　　这些主播通过在当事人不知情的情况下拍摄别人、曝光别人，吸引流量，这已经侵犯了他人的隐私权。作为主播，我们要严格要求自己，千万不能因为直播而侵犯了他人的隐私权。

（4）逃税漏税，触碰暗礁

直播这个行业，利润丰厚是众所周知的。很多主播也是看中了它的高收入，才会蜂拥而上。

人气火爆的主播月薪上万不是什么难事，再加上直播平台的吹捧，年薪甚至会达到千万。虽然笔者没有从事过这个职业，也不敢确定数据是否真实，但就算将这个数据减掉一半，那也是相当可观的。

这样可观的收入就涉及到了缴税的问题，有的主播将打赏兑换成虚拟货币，再通过支付宝提现，进而避免缴税。某平台就因没有代主播扣取个人所得税，而直接被罚款 6000 万。主播逃税，不仅对其自身，而且对整个直播行业也会造成极其恶劣的影响。

（5）盲目拜金，追求物欲

在进行直播运营时，传递出来的价值观能体现一个主播品质的优劣与否。在直播平台上，很多主播传递着暴富、拜金、不工作和得过且过的错误价值观，给社会带来了不良的影响。

有一句说得好："一个人赚得整个世界，却丧失了自我，又有何益？"因此，主播在直播带货过程中，切不可盲目崇拜金钱、把金钱价值看作最高价值，必须坚守"拒绝拜金，坚守自我"的心态。

除了拜金，追求物欲也是一种错误的价值观。物欲是指一个人对物质享受的强烈欲望，在这种欲望的冲动下，可能会做出很多错误的事情。《朱子语类》中说："众人物欲昏蔽，便是恶底心。"说的就是那些疯狂追求物欲的人，他们的心灵必定会空虚，而且会经常做出一些荒唐的事情，最终只会让自己变成一个虚有其表、华而不实的人。

因此，打造直播内容时应该将物质和精神追求相结合，多注重精神层次的提高和幸福感的营造，不能一味地追求物欲，否则很容易被它牵着鼻子走。

（6）粗俗不堪，难以长久

粗俗的原意是指一个人的举止谈吐粗野庸俗，满嘴污言秽语。也许，主播可以靠"俗"博得大家的关注来提升名气，但难以得到社会主流的认可。在人人皆可以是主播的时代，太多人想出名，但是通过雷人的话语、不合常理的行动吸引关注却是不可取的。主播一定要有底线，否则就会被大众排斥。

例如，某位主播在直播中展示项链时，把领口拉得很低，被用户举报，带来了极其不好的影响。因此，主播和直播平台都应该努力传递主流价值观。

主播应该做一个可以为社会带来正能量的人。主播可以借助互联网，多参与一些社会慈善和公益活动，打造"直播＋电商"的合作模式，为自己塑造一个助人为乐、传递正能量的正面形象。在制作直播内容时要坚守道德底线并多弘扬社会道德，引导正面舆论，为广大网民树立正确的世界观、人生观和价值观。只有这样，才能够有更大的发展空间。

（7）拜金主义，深陷漩涡

拜金主要是指崇拜金钱。虽然在商业社会中很多人都以赚钱为目的。不过，如果你唯利是图，什么事情都想着赚钱，不择手段且盲目地追求金钱，那就是一种极端错误的价值观。

例如，某位小主播在一位名铁杆粉丝的支持下，逐渐变成一个大主播，每次年度盛典这位铁杆粉丝也会给主播刷礼物替她赢比赛。也恰恰是有了这个粉丝的支持，该主播的名气越来越大。而随着名气的增大，该主播开始不好好直播，总是请假，直播时还经常求打赏。最后，该主播的粉丝也逐渐流失，慢慢变成了一名小主播。

（8）内容庸俗，失去本心

有一些主播的直播内容庸俗，为了能火，为了流量，什么都敢做，不顾及社会的影响，也不顾及自己的生命。

例如，某位主播因颜值高、有神秘感而吸引了众多粉丝。该主播只在网上发布一些自己的图片，并且从不露脸，每次直播都用表情包挡着。

可是在一次直播中，该主播与某女主播连麦时，遮挡在脸上的表情包消失，结果粉丝心中的萝莉一下子变成大妈，该事件引起了网友的讨论，造成了极其恶劣的社会影响。该主播的榜一（打赏最多的粉丝）在此事件发生以后，直接注销了账号，很多粉丝也感觉自己被欺骗。

这件事的真相是主播为了炒作故意安排，并且想要将此事件的影响扩大，而主播背后的经纪公司也在推波助澜。

最终，直播平台称该事件是由主播自主策划、刻意炒作的。针对事件中主播发表不当言论，挑战公众底线，造成不良社会影响一事，平台决定永久封禁其直播间，下架相关视频。

除此之外，还有一些主播为了流量不顾自己的生命。虽然在短期内获得了一定的流量，但是，却对自己的身体造成了损失，这显然是极其不可取的。

这一个个鲜活的例子，告诫我们，做直播不能为了金钱、为了流量而失去本心，内容庸俗的直播注定不能长久。

个人技能：培养优秀主播的特质

作为一个刚进直播行业的新人主播，要想快速获得更多的粉丝，增加直播的带货能力，就需要培养自身的直播技能，成为一个优秀的主播。要想成为优秀的主播，主播需要具备一些要素，或者说掌握一些技能，具体如下。

1. 学会控制场面

对于一个新人主播来说，学会控制直播间的场面，把握直播的节奏是首先要掌握的技能。大多数主播在刚开始直播的时候，观看人数通常比较少，再加上自己没什么直播的经验，经常会出现冷场的情况。如果主播只是被动地回答用户的问题，不积极主动地寻找话题，一旦用户想要了解的都得到满足之后，就会不再回应或者离开直播间，那么场面就会十分尴尬。

基于上面那种情况，新人主播在刚开始直播的时候都没有自己是主角的感觉，反倒有点像"打酱油的龙套"，这样怎么可能吸引更多用户前来观看呢？所以，主播要切记，在整个直播的过程中要始终牢牢控制直播间的主动权。

要想掌控直播间的主动权，主播除了回答问题，还需要学会寻找话题。用户通常都是为了给自己寻找乐趣、打发时间才来到直播间的，如果主播只是被动地等待用户制造话题，那么用户当然会觉得你的直播一点意思都没有。这就好比看电视节目，无聊的节目内容只会让观者感觉被催眠，然后立马换台。

如果主播能够做到一个人就能"carry 全场"（carry 全场是指表现出众，能控制大局），各种话题都能够侃侃而谈，从诗词歌赋聊到人生哲学，那么用户的注意力就会被牢牢吸引住，而要想达到这种效果，就需要主播平日里花时间和精力去涉猎大量的话题素材。

主播可以根据每天直播的话题设置不同的主题，同时让粉丝参与话题互动，这样不仅能提高直播间的活跃度，还能让用户觉得主播知识渊博、专业靠谱，并对主播产生敬佩崇拜之情，这样主播就比较容易控制直播间的场面和气氛了。

除此之外，还有一种情况也是主播要高度重视的，那就是突发情况的应对。这其中最常见的情况就是对于极个别用户故意在直播间带节奏、和主播唱反调。对于这些情况，主播一定要心平气和、冷静理智，不要去回应他们的任何言语攻击，毕竟群众的眼睛是雪亮的，孰是孰非大家心里都有杆秤，所以主播只需要在谈笑间将捣乱的人踢出直播间即可。

这样主播才能始终控制直播间的场面和节奏，按照计划将直播顺利地进行下去，学会控制直播场面能够快速提升新人主播对直播的自信，让主播有一种掌控全局、众星捧月般的感觉。这能够激发主播继续直播的动力，让主播在自己的舞台上更好地大放光彩。

2. 真诚对待粉丝

有的新人主播经常问笔者这样一个问题："我想做直播，但是没有高颜值怎么办？"其实，那些看起来美若天仙的主播在直播时靠的都是美颜和滤镜的效果加持，而且颜值一般，却人气依然火爆的主播也大有人在，所以笔者觉得颜值并不能完全决定直播的效果和主播的人气。

那么，什么才是快速吸引粉丝的关键呢？直播是一场关于人与人之间的互动交流，所以直播的关键还是人。如果经常看直播的话就不难发现，那些人气火爆、粉丝众多的主播不一定拥有很高的颜值，但是她们普遍拥有较高的情商，非常善于与人沟通交流，不管认识的还是不认识的都能说上话。而且，不管用户从什么时间段进入直播间，都能被主播精彩的直播内容所吸引。

对于新人主播来说，直播最重要的就是学会和多人互动，让用户时刻感受到主播的热情和走心的服务。当用户需要向人倾诉时，主播就认真听他诉说并安慰他，尽量聊用户感兴趣的话题，与其建立共同语言。

只有把用户当成朋友来对待，把他们放在心上，主动去了解他们关心的事物，才能让用户感受到主播的真诚，从而增进彼此之间的感情，增强用户对主播的信任度和忠实度。

在虚拟的网络世界，主播要想维护和用户之间的感情就得靠自己的真心和诚意。粉丝之所以会给主播刷礼物，主要是因为主播的人格魅力，是主播的真诚打动了他们，所以他们才会心甘情愿为主播买单。

感情是沟通出来的，礼物是通过和用户交心交出来的。刷礼物代表用户对主播的喜爱和认可，也只有用户自愿主动地打赏，才能说明主播的直播体验很好。很多新人主播在刚开直播时，为其刷礼物的也只有身边的亲朋好友，而这些人之所以要刷礼物，主要就是因为彼此之间的亲密关系。

所以，平时主播下播之后要多关注给你刷礼物的用户的动态，让用户感觉到你很关心他，让他（她）觉得自己是有存在感的，这样不仅能使彼此之间的感情更加牢固，还能获得相应的尊重。

3. 学习多种才艺

对于新人主播而言，要想进行一场精彩的直播，光有真诚是不够的，还得有能力。也就是说，作为一个主播，要学习多种才艺来获得用户的喜爱和认可。才艺的种类非常多，主要的才艺类型有：唱歌跳舞、乐器表演、书法绘画和游戏竞技等。不管你擅长哪种才艺，都能为你的直播吸引更多的粉丝。当然，如果你全部都能学会，那就更好了。下面笔者就来分别介绍几种才艺类型的直播。

（1）唱歌跳舞

基本上每个人都会唱歌，只是有好听与难听的区别，而那些天生音色和嗓音比较好听的主播，就可以充分利用自身的优势来吸粉；还有那些天生身材很好，喜欢跳舞的主播也可以利用自己优美的舞姿吸引用户前来观看。

如图 3-6 所示为主播唱歌的直播；如图 3-7 所示为主播跳舞的直播。

图 3-6　直播唱歌

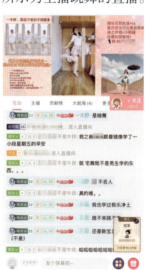

图 3-7　直播跳舞

（2）乐器表演

乐器表演也是吸引用户观看直播的一种很好的方法，乐器的种类有很多种，相对来说比较主流的乐器表演是钢琴、吉他演奏。如图 3-8 所示是钢琴、吉他表演的才艺直播。

（3）书法、绘画

书法和绘画的才艺表演要求主播的作品必须足够优秀和好看，这样才能吸引用户的注意力，获得用户的欣赏和赞美。如图 3-9 所示为某主播进行绘画演示的直播。

图 3-8　钢琴、吉他表演直播

图 3-9　直播绘画

（4）游戏竞技

游戏竞技类直播可谓是比较常见、主流的一种直播类型了，绝大多数直播平台中都可以看到游戏直播的身影。如果主播喜欢玩游戏，对主流的热门游戏（如《英雄联盟》《绝地求生》和《王者荣耀》等）有深入的了解，并且游戏战绩都不错，对游戏的操作和玩法也有自己独到的见解，那么就可以通过游戏直播来吸粉。

如图 3-10 所示为某主播的《王者荣耀》游戏直播实况。

图 3-10　游戏竞技直播

　　不管什么类型的才艺表演，只要你的才艺能够让用户觉得耳目一新，能够吸引他们的兴趣和注意，并且为你的才艺打赏喝彩，那么你的直播就是成功的。在各大直播平台上，有着无数的主播，只有向用户展示你独特的才艺，并且你的技术或者作品足够精彩和优秀，才能抢占流量，在众多主播中脱颖而出。

　　学习多种才艺对主播的个人成长和直播效果的提升作用非常之大，这也是主播培养自己直播技能最重要的方法之一。对于新人主播来说，只有不断地充实自己，提升自己，才能在直播行业的道路上走得更远。

4. 深挖痛点需求

　　在主播专业能力培养的道路上，最重要的一点就是抓住用户的痛点和需求。主播在直播的过程中要学会寻找用户最关心的问题和感兴趣的点，从而更有针对性地为用户带来有价值的内容。挖掘用户痛点是一个长期的过程，但是主播在其中需要注意如图 3-11 所示的几点。

挖掘用户痛点时需要注意的问题	主播要对自身的能力和优缺点有清醒的认识
	主播要了解、对比和学习其他主播的长处
	主播要把握用户心理，然后有针对性地满足需求

图 3-11　挖掘用户痛点时需要注意的问题

主播在创作内容时，要抓住用户的主要痛点，以这些痛点为标题来吸引用户的关注，弥补用户在现实生活中的各种心理落差，让其在你的直播中得到心理安慰和满足。用户的主要痛点有安全感、价值感、支配感、归属感等。

5. 垂直输出内容

如果仔细观察那些热门的主播就不难发现，他们的直播内容具有高度垂直的特点。什么是垂直呢？垂直就是专注于一个领域来深耕内容，领域越细分，直播内容的垂直度就越高。

其实，对于所有的内容创作领域而言，账号内容的垂直度都非常重要，它不仅会影响账号权重的高低，还会影响平台对发布内容的推荐，更重要的是还会影响用户对内容创作者专业程度的判断。也就是说，内容的垂直度越高，吸引过来的粉丝群体精准度就越高，也越优质。

那么对于主播来说，该如何打造自己高度垂直的直播内容呢？笔者认为主播要拥有一门自己最擅长的技能。俗话说："三百六十行，行行出状元。"只有深挖自身的优势，了解自己的兴趣、特长所在，才能打造具有自己特色的直播。

找到自己擅长的技能和领域之后，就要往这个方向不断地去深耕内容，垂直化运营。例如：有的人玩游戏的水平很高，于是他专门做游戏直播；有的人非常擅长画画，于是她在直播中展示自己的作品；有的人热爱时尚美妆，于是她直播分享化妆技术和教程。

只要精通一门专业技能，然后依靠自身的专业技能来垂直输出直播内容，那么吸粉和变现自然就轻而易举。当然，主播在直播之前还需要做足功课，准备充分，才能在直播的时候从容不迫，最终获得良好的直播效果。

品牌 IP：营造个人品牌影响力度

打造人物 IP 的本质需要形成个人的特点内容，因为吸引粉丝要靠内容。那些能够沉淀大量粉丝的人物 IP 在形成个人特点时，运用了一定的方式与方法，本节将进行具体分析。

1. 社交媒体的打造

人物 IP 的兴起并不是偶然现象，而是社交网络媒体发展过程中的一种新产品，其中，打造网红就是最直接的体系，网红们也因此成为了最大的受益者。

目前，微博、微信等设计网络媒体的环境迭代催生了网红，同时也刮起了"IP"营销风潮。那些被粉丝追逐的人物 IP，他们在社交网络媒体上都拥有良好的用户基础，所以才能取得好的成绩，尤其是一些热点人物 IP，更是成为了内容营销的争抢目标。如图 3-12 所示为生于社交网络媒体的人物 IP 的主要特点。

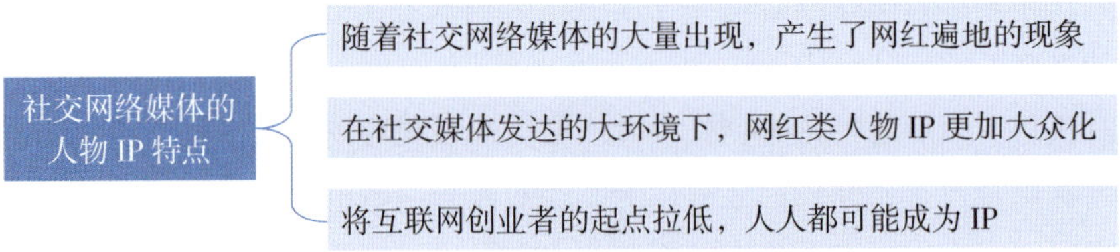

图 3-12　生于社交网络媒体的人物 IP 的主要特点

社交网络媒体的流行，尤其是移动社交平台的火爆，让很多能够创造优质内容的互联网创业者成为了自媒体网红，这个趋势还将进一步延伸。

2. 变现能力的提高

当然，要想获得真正的成功，一个重要的考量就是"变现"。不管你具备多么强大的实力，如果赚不到一分钱，那么你的价值就没有得到真正的体现。

如今，人物 IP 的变现方式已经越来越多，如广告、游戏、拍片、主播、社群、网店、微商、商业服务、卖会员、VIP 及粉丝打赏等。人物 IP 只有具备较强的商业变现能力，才能获得真正的互联网和粉丝经济的红利。

3. 学习和经验积累

作为人物 IP 的重要条件，创造内容如今也出现年轻化、个性化等趋势。要创作出与众不同的内容，虽然不要求你有多高的学历，但至少要有价值。从某种方面来看，读书和阅历的多少，直接决定了你的内容创造水平。

总之，在互联网内容创业中，不能太简单地平铺直述或自卖自夸，而是要用更新颖、有趣的方式进行创意营销。

4. 产业活动的衍生

在进行内容传播时，主播切不可只依赖单一的平台，在互联网中讲究的是"泛娱乐"战略，主播或企业可以围绕 IP，以 IP 为核心，将内容向游戏、文学、音乐、影视等互联网产业延伸，用 IP 来连接和聚合粉丝情感。

主播可以借助各种新媒体平台，与用户真正建立联系。同时，这些新媒体还具有互动性和不受时间、空间限制的特点。

5. 核心价值观明确

要想成为超级 IP，首先你需要一个明确的核心价值观，即平常所说的产品定位，也就是你能为用户带来什么价值。企业在打造 IP 的过程中，只有明确了价值观，才能轻松地做出决定，对内容和产品进行定位，才能突出自身独特的魅力，从而快速地吸引关注。

6. 人格化魅力培养

在打造人物 IP 的过程中，主播需要培养自身的正能量和亲和力，可以将一些正面、时尚的内容，以比较温暖的形式第一时间传递给粉丝，让他们信任你，在他们心中你具备人格化的偶像气质。

有人说，在过分追求"颜值"的年代，想达到偶像气质的级别，首先还是要培养人格化的魅力。需要特别注意的是，在培养人格魅力的过程中要把握好如下几点：

（1）个性上独特、不平凡、不肤浅。

（2）保持和维护好人设。

（3）人设设定符合自身外在形象气质。

俗话说："小胜在于技巧，中胜在于实力，大胜在于人格。"在互联网中，这句话同样有分量，那些超级 IP 们之所以能受到别人的欢迎、容纳，其实这也从侧面说明他具备了一定的人格。

第 4 章

吸粉引流：
9 个技巧让你的粉丝量暴涨

学前提示

通常来说，一场直播中获得的流量越多，这场直播的变现效果就越好。因此，在直播过程中，运营者和主播还需要掌握一些吸粉引流技巧。

本章笔者重点为大家介绍 9 个引流推广技巧，帮助大家实现粉丝量的暴涨。

要点展示

· 预告推广，增加直播间热度

· 诊断优化，让直播人气更高

· 平台助力：跨平台推广直播

· 直播推广，集合多平台进行

· 公域推广，获得更多曝光度

· 主播拉新，获取更新的粉丝

· 增加黏性，巩固粉丝忠诚度

· 吸引粉丝，获得更高的人气

· 粉丝运营，打造私域流量池

预告推广，增加直播间热度

直播已经成了卖家们推广商品的一种重要方式，直播购物也已经成了一种新的消费趋势，越来越多的消费者热衷于这种消费方式。

不管是对直播卖家来说，还是对直播主播来说，想要让自己的直播达到比较好的效果，每一次直播都需要做一定的准备工作。这些准备工作，有些是很容易被主播忽视的，但在一定程度上会影响观看直播的用户数量。

比如，直播预告。虽然只是对主播下一次的直播内容进行提前预告，但是它却能影响下一次直播间的流量，很多主播认为直播预告很简单，但它却有着一定的要求。下面以淘宝直播为例，为大家介绍做直播预告需要了解和掌握的知识。

1.预告时间：避开竞争大的时间段

不管是在什么直播平台进行直播，都会面临的一个情况就是，每天开直播的主播人数多，而且同时间段开播的直播间也有很多，大家一起聚集在同一时间段开播，无疑增大了和其他主播们抢夺流量的压力。尤其是一些流量注入较大的时间段，比如晚上 19 点是下班时间，很多用户会观看视频直播。为此，无数主播也在这个时间段开播，以此获得多一点的流量注入。而这种在同一时间段扎堆开播，对于中等以下的主播来说，很难抢到稳定的流量。所以，为了避免这种情况的产生，主播们可以主动避开这些高人流聚集的时间段，从而减轻和其他主播竞争的压力。

2.预告封面：提高封面图的曝光度

直播间封面图是进行直播的重要因素，相当于直播的门面，所以在主页设置直播预告封面需要格外上心，要按照官方的要求，进行直播封面的发布。

（1）预告要求

淘宝直播预告封面主要包括 3 个方面的要求。

·在中控台发布直播预告封面时，要发布 750×750 和 1120×630 这两种尺寸的封面，后面这种尺寸的封面可作为直播首页封面图。

·封面图的要求：以纯人物的清素背景为佳。

·预告视频要求：视频全程不要出现文字，只有纯人物浅色、素色背景的才可以入选直播首页进行展现。

（2）入选福利

直播入选淘宝推荐后，平台将个性化地将流量推送到直播间中。

（3）预告视频要求

每一期的节目预告（注意是每一期的具体节目预告，不是整个栏目的宣传片），基础参数要求如下。

· 时间控制：20 秒以内。

· 容量：2 兆以内。

· 屏幕尺寸为 16 : 9 满屏，不可以在这个尺寸内加边框等。

· 预告内容：直播那一期的预告视频，不可以出现任何文字。

3. 预告标题：使用吸睛的流行热词

关于直播预告的标题也大有讲究，想要吸引用户的注意力，好的标题更能吸引他们的兴趣。下面笔者就来讲解直播预告标题的相关内容。

（1）预告标题要求和要点

第一，要清晰描述出主题和直播内容，能让用户提前了解直播内容，同时便于平台工作人员挑选出好的直播内容进行主题包装和推广。

第二，要包含具体的内容亮点，在直播预告中上传直播中要分享的商品，这不仅能让用户对直播产生兴趣，还能通过大数据分析，帮直播内容进行用户匹配，获得更精准的用户流量。

（2）预告标题规则与技巧

标题的字数要控制在 12 个字以内，以 24 个字符为准，严禁在标题上显示折扣信息，以及任何特殊符号等。

标题的拟定要符合用户工作与生活中经常看到的场景，这样才能让用户产生画面感，引起用户的共鸣，让用户觉得你说的内容和他有关，甚至让他感觉讲的就是他，就能激发他关注并且有按时观看你直播的欲望。如图 4-1 所示为两个直播的封面。这两个封面的标题便是通过点出"微胖 MM"这个用户群体来吸引目标用户观看直播的。

设置预告标题时，还需要有承诺性、新闻感、能引发粉丝好奇心的特点，这样才能更好地吸引目标用户对直播内容进行了解，从而主动等待正式播放时的内容。

图 4-1　标题点出"微胖 MM"这个用户群体

4.直播标签：获得更多的流量分配

不同的直播，关注的人群类型也不一样，选择合适的直播标签，就可以加大自身直播的推广力度，让更多的人有机会看到自己的直播。通过设置直播标签，可以扩大直播间被搜索的力度。关于服装的直播标签有以下几类。

（1）【穿搭】：每日上新、当季新款、大码穿搭、小个穿搭和港风潮牌。

（2）【母婴】：奶娃有招、孕妈专区和童鞋童装。

（3）【买全球】：日本站、韩国站和东南亚站。

在为直播预告挑选标签时，运营者要先根据自己的实际情况选择直播的栏目，然后再选择标签；或者根据自己直播所要面向的群体类型，选择直播标签。这样有利于吸引目标群体来关注点击。如图 4-2 所示为淘宝直播频道栏目下的各类标签。

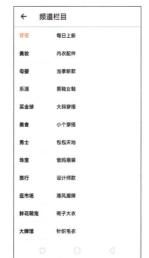
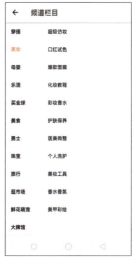

图 4-2　淘宝直播频道栏目下的各类标签

诊断优化，让直播人气更高

在直播间中，主播需要长时间和用户进行沟通，了解用户的购物需求，解决用户提出的问题。因此，主播很容易分身无暇，顾不过来。

在直播的过程中，很容易出现直播间气氛上不来，冷场的局面。为了避免这种情况的发生，机构和主播都需要对直播出现的相关问题进行诊断优化，从而更好地稳固、提升直播间的人气。

1. 避免直播常犯错误，维持人气

主播在直播过程中，很可能由于以下 3 个常见的问题，不仅无形中流失了粉丝，更在无意间触犯了直播的禁忌。下面将向读者介绍直播过程中主播容易出现的 3 类问题。

（1）离开镜头，长时间不看镜头

眼神是情感表达和交流的一种方式，在直播时，通过屏幕和用户进行衍生交流也是很重要的，它可以让用户感受到主播的用心和真诚。

以直播的形式和用户进行沟通本来就有局限性，尤其是服装销售主播，需要更换衣服款式，所以很容易出现离开镜头的情况。而且，在处理一些用户或者其他工作人员的问题时，容易偏离镜头，破坏直播的互动感，让用户觉得自己没有被重视。

（2）直播时间不固定，随意下播

直播间的大多数用户都是日久生情的，采取在固定的时间直播，可以使用户养成及时看直播的习惯。

主播的直播时间不固定或者在直播过程中随意下播，经常更换开播时间，会导致用户在以往的时间点来平台却没有看到主播的直播间开播，从而点进其他的直播间。所以，随意更换直播时间，会出现之前的用户无法再协调自己的观看时间，很可能之后就不再观看这个直播间了。

（3）直播顶峰时出现断播、停播

主播在自己的直播顶峰期出现断播、停播等情况，对于之后的直播来说，基本是一种毁灭性的打击。所以我们可以看见，即使是直播行业的顶级主播，也时刻保持着高频率的直播次数，不敢放松一丝一毫。

这是因为主播在直播顶峰期出现断播、停播，相当于离开了唯一的曝光平台，只会逐渐被用户遗忘，之后想再重新开播，影响力也会大不如前。

2.借助工作人员的协助，减轻压力

主播在长时间的直播工作中，由于需要一边不断地向用户展示服装上身效果，一边活跃直播间的气氛，此外，还要介绍服装的款式、尺码、风格，针对性地回答用户提出的各种问题，工作量非常大。

服装主播在直播过程中，为了提高换装的速度，可以让工作人员做好服装的挑选和搭配，协助主播换装。此外，主播离开镜头更换服装时，可以让工作人员出境来解决用户提出的服装库存、服装价格等问题，保证直播间始终有人在镜头中。这样大部分用户就不会因为主播暂时离开而退出直播间了。

平台助力：跨平台推广直播

　　跨平台共同推广，可以在直播前对直播间的链接进行多平台分享。以抖音直播为例，粉丝超过 50 万即可参与"微博故事红人招募计划"，享受更多专属的涨粉和曝光资源，除了微博引流，抖音的内容分享机制也进行了重大调整，拥有更好的跨平台引流能力。

此前，将抖音短视频分享到微信和 QQ 平台后，被分享者只能收到被分享的短视频链接。但现在将作品分享到朋友圈、微信好友、QQ 空间和 QQ 好友，抖音就会自动将该短视频保存到本地。保存成功后，抖音界面上会出现一个"继续分享"的提示。

只要用户点击相应按钮就会自动跳转到微信上，这时只要选择好友即可实现单条短视频分享。点开即可观看，不用再手动复制链接到浏览器上观看了。这些直播平台的分享机制，无疑是对微信分享限制的一种突破，此举对直播的跨平台引流和自身发展都起到了一些推动作用，这也是跨平台推广的方式。下面笔者就来讲解跨平台引流的技巧。

1.公众号引流：内容直抵粉丝

微信公众号是企业、商家和个人在微信公众平台上建立的账号，它们通过打造微信公众号来实现内容的群发，并且这些内容是能够直接送达给用户的。

首先，微信公众号基于公众平台对接的微信会员管理系统实现了推广营销的目的，接着在系统中展示了 5 个内容：微官网、微会员、微活动、微支付和

微推送。

可以说，公众号的本质是推广，基于此，在发展视频直播行业时直播平台和主播也可以通过它来推广直播节目。当然，推广直播节目看起来很简单，但要想高效地实现推广目标，还应该掌握一定的技巧。

对那些自身有着众多用户的直播平台和主播而言，自己建立一个微信公众号并做好公众号建设是推广直播节目的重要方式。当然，对那些没有大量粉丝和用户的直播平台和主播而言，也可以选择这一方式逐渐聚集粉丝和进行推广。

在进行自身公众号建设的过程中，需要从 3 个方面加以注意，才能做到事半功倍，具体分析如下：

首先，在编撰内容和进行推广之前，需要做好公众号定位，明确微信公众号运营的目的，这是成就公众号的基础和关键。

从这一方面来看，需要分 3 步来进行，即确定运营基调、进行优先排序和把握发展重心。

所谓确定运营基调，是指在多个方面对公众号的大致发展方向进行把握，具体内容如下：

·目标用户。运营者需要确认自身公众号要针对的是关注各直播平台的用户，还是有可能对自身节目产生兴趣的广大爱好者。当其是前者的时候，就有必要根据各直播平台的用户数据来安排公众号内容的编撰和推广；当其是后者的时候，就有必要把自身的节目内容尽可能地进行品质提升和最大范围的推广，以自身熟悉的领域的优质内容取胜。

·建设目标。需要确认自身公众号建设的首要目标是对内的还是对外的，确实在对内的形象塑造和品牌关系管理方面下工夫，还是在对外的吸粉引流和促进转化方面下工夫。不管是前者还是后者，都需要把其首要的建设目标与节目内容、推广信息结合起来，最终向着自己所期望的方向发展。

所谓进行优先排序，是指针对自身公众号的各个建设目标进行发展先后排序和发展的阶段划分。就如上面提及的对内和对外的发展目标，首先发展哪一个目标并不代表要放弃另一个目标，而是一个发展先后的问题。

所谓把握发展重心，是指对排序过后的各个阶段的发展细节进行更具体的确认，并准确把握其中心，为公众号向着更健康、更有利于自身平台和主播发展的方向提供前提条件。

其次，要编撰具有吸引力的内容。对平台和主播而言，赢得更多的用户来关注和赢得用户更多的关注是其推广节目内容的两个根本目标，这些目标需要通过编撰各种形式的内容来实现，具体有以下几点：

- 内容有内涵和灵魂，包含长期兴趣信息。
- 紧密联系时事热点，攸关用户切身利益。
- 内容的布局有创意，描写具有场景感。
- 在效果上要能走心，插图应该清晰、精美。

最后，需要公众平台推送内容的体验感。对用户来说，他们需要一些能够让人耳目一新的内容类型、形式和布局来丰富他们的体验感，这样用户才会有意愿去点击阅读。从这一角度来看，微信公众号也是可以从 3 个方面加以提升的，具体如下：

- 在内容上加入各种活动，如打折促销、品牌故事等。
- 在菜单上加入商城、多种支付方式等更加便利的入口。
- 在互动上加入游戏互动内容或其他更有效的互动硬件。

若直播平台和主播觉得自己建设和运营一个微信公众号太费精力，也可以选择与微信公众平台上已有的实力大号进行合作。对此，运营者可以从以下 3 个方面着手合作事宜：

- 选择合作账号。在此，需要说明的是，并不是粉丝数量越多、影响力越大就越好，而是要选择与自身直播节目有高契合度、在目标用户群体方面有着相似性的公众号。那么，基于上述两个条件，应该选择什么样的实力大号呢？直播平台和主播选择实力大号的参考标准一共有 3 条，即微信统计数据、历史文章质量和内容更新频率。
- 选择广告推送形式。在微信公众平台上，广告的形式是多种多样的，无论是单图文还是多图文的一条，抑或是图文底部文字或图片，或者是文字直发，这些都是可选择的。当然，选择的推送形式不同，效果也就大不一样。
- 设计好节目广告文案。这是决定转化率的重要条件，因此要多加注意，并掌握好设计的诀窍。首先，软文不要太生硬，应该将宣传与文章内容生动地结合起来；其次，封面应该与内容相匹配；最后，文案的标题要富有创意和吸引力，但不要有太明显的广告痕迹。

2. 朋友圈引流：可信度更高

在微信平台上，其不同的功能和构件对推广所产生的影响在信任程度上是不同的，从朋友圈到微信群到公众号，信任强度是依次变弱的。

其中，朋友圈这一基于熟人社交的强关系平台，对于直播信息推广的影响是不容小觑的。想要在自身的朋友圈中实现更广范围的推广，就需要通过自身的公众号平台和其他新媒体平台推出信息，然后逐步扩散到好友中。而在好友这一群体中，运营者应该分两步进行，具体如下。

（1）微信群覆盖：完成"朋友圈"量的推广

微信群是基于朋友这一圈子进行信息推广的主要途径之一，更重要的是，它能在用户的量上取胜于朋友圈。因此，运营者和主播可以在第一时间把信息转发至微信群中，完成关系网的第一层级传播。

（2）朋友圈宣传：完成"朋友圈"质的推广

运营者和主播可以在微信朋友圈中转发直播信息。因为朋友圈内容是微信好友密切关注的内容之一，因此在朋友圈转发直播信息，自然可以得到好友的关注及转发，从而使直播信息获得二次宣传。

对于那些刚进入视频直播领域的运营者和主播而言，微信朋友圈的直播信息推广显得尤为重要，这是他们打开推广场景和扩大受众范围的重要一步。在朋友圈中进行分享转发的那些用户将会成为运营者和主播的传播体和忠实粉丝。

3. QQ 引流：不容忽视的得力助手

在各种平台和社交网站中，QQ 是一个不可忽视的存在，并且这一存在对于营销传播和推广来说同样有着重要意义。因此各企业、商家围绕这一平台展开了各种各样的营销。

随着 QQ 平台直播功能的加入，这一平台的营销应用更是被企业和商家所关注，如果再在其中结合运用 QQ 平台原有的功能，那么，其直播宣传和营销效果将是巨大的、可期的。具体说来，在 QQ 平台上进行视频直播节目的宣传可以从以下 4 个方面入手。

（1）QQ 群

QQ 群是 QQ 平台上一个有着巨大的利用商机和推广宣传市场的构件，利用它，可以从两个方面来为直播推广提供助力，具体如下。

·建群。运营者和主播可以建立一个粉丝群，把用户和好友拉进群中，然后利用 QQ 群中的功能拉近主播与粉丝之间的距离。群的建立有利于成员之间的交流互动，进而增加粉丝与主播之间的黏性，提高粉丝的忠诚度。除此之外，群还具有相册、投票、群链接和群活动等功能，可以满足成员友好互动和资源共享的需求。

·加群。除了自建群，运营者和主播还可以通过申请加入其他群来聚集粉丝和推广直播信息。在这一过程中，运营者和主播一方面应该注意选择合适的群，如根据直播的内容主题来选择群。例如，直播与摄影相关的内容就搜索"摄影"申请加群，直播与美妆内容相关的就搜索"美妆"申请加群。

另一方面，运营者和主播不能一进群就进行直播信息的推广，应该先与群内成员打好关系，互动熟悉之后再逐步推广直播信息。这样才能让群内成员不会因为厌恶推广而踢你出群，那些对直播感兴趣的群内成员甚至还会关注你的直播。

（2）QQ 空间

QQ 空间是一个极具个性化的 QQ 内容发布平台。对于直播信息推广而言，QQ 空间的优势主要表现在两个方面，具体分析如图 4-3 所示。

图 4-3　QQ 空间直播信息推广优势表现

（3）QQ 个性签名

与微信个性签名一样，QQ 签名同样可用于直播信息的推广。具体做法为：在"编辑资料"界面的"个性签名"一栏中，输入直播的主播名和直播号，这样就能很好地进行直播宣传推广。

（4）QQ 信息回复

QQ 作为一个社交平台，总是会与好友和粉丝打交道的，因此可以借助互动，设置一些包含直播节目信息的自动回复信息，这样也能吸引用户关注和让用户及时接收信息，从而促进企业和主播的直播推广。

4. 微博引流：与 "大 V" 合作推广

下面将对利用微博推广的方法进行详细介绍。所谓微博"大 V"，就是在各微博平台有着众多粉丝，并且已获得认证的高级账户。"大 V"这个名称来源于认证的微博昵称后方附有的字母"V"。

微博"大 V"分为两种，一种是蓝色认证图标的"机构认证大 V"，另一种是橙色认证图标的"个人认证大 V",如图 4-4 所示。

图 4-4　微博"大 V"的分类介绍

从本质上来看,微博"大 V"是微博这一社交平台上有着巨大影响力的特殊群体,这就使得其在各种信息的推广方面有着极大的优势,因而成为重要的推广渠道。

微博"大 V"具有两个特点:一是拥有大量粉丝;二是微博内容具有吸引力。正是因为这两个特点,产生了"大 V"一发微博就会拥有许多粉丝进行宣传的现象,所以许多运营者和主播都会想要和"大 V"进行合作推广。

那么,运营者和主播应该怎样利用微博"大 V"进行直播节目的推广呢?具体说来,重点在于微博"大 V"的选择上。关于这一问题,运营者和主播应该从两个方面来考虑,内容如下。

(1)行业相关性

当运营者和主播自身的行业属性与微博"大 V"有着相关性时,那么彼此之间就会有相似的粉丝群体和受众目标,因而在直播内容需求和产品需求上也是相似的,所以这些粉丝成为直播节目受众的概率也是比较大的。

例如,做美食类直播的运营者和主播可以选择寻求与发布美食内容的微博"大 V"合作进行推广,这样获得的推广效果会更好一些。

(2)宣传口碑好

企业和产品的口碑很重要,它们是获得用户信任的基础条件。拥有好口碑的企业和产品,以及微博"大 V"推送的信息,能够更容易获得用户的信赖。一个具有好口碑的微博"大 V",其用户的忠诚度和转化率也会更高一些。

　　况且，好口碑是平台内容真实性、准确度高的表现，部分用户会认为："内容真实而准确，那么其推广的信息也必然更有效，推广的产品也将是真实的。"因此，选择口碑好的微博"大 V"进行合作推广，会更好地提升直播推广信息的价值。

5. 视频引流：直观呈现直播的相关信息

　　相比于文字和图片，视频在表达上更为直观，而随着移动互联网技术的发展，以及人们接收信息习惯的变化，视频成为时下最热门的领域。借助这股东风，爱奇艺、优酷、腾讯视频、搜狐视频等视频网站获得了飞速发展。

　　随着各种视频平台的兴起与发展，视频营销也随之兴起，并成了广大企业进行网络社交营销经常采用的一种方法。运营者可以借助视频营销，近距离接触自己的目标群体，将这些目标群体开发为自己的客户。

　　视频背后庞大的观看群体，对网络营销而言就是潜在的用户群，而如何将这些视频平台的用户转化为直播受众和产品购买者才是视频营销的关键。对于运营者来说，比较简单、有效的视频引流方式便是在视频网站上传与直播和短视频相关的视频。

　　下面就以爱奇艺为例进行说明。爱奇艺是一个以"悦享品质"为理念的、创立于 2010 年的视频网站。在短视频发展如火如荼之际，爱奇艺也推出了信息流短视频产品和短视频业务，加入了短视频发展领域。

　　一方面，在爱奇艺 App 的众多频道中，有些频道就是以短视频为主导的，如大家喜欢的资讯、热点和搞笑等。另一方面，它专门推出了爱奇艺纳逗 App。这是一款基于个性化推荐的、以打造有趣和好玩资讯为主的短视频应用。

　　当然，在社交属性、娱乐属性和资讯属性等方面各有优势的短视频，爱奇艺选择了它的发展方向——娱乐性。无论是爱奇艺 App 的搞笑、热点频道，还是爱奇艺纳逗 App 中推荐的以好玩、有趣为主格调的短视频内容，都能充分地体现出来了。

　　而对于运营者来说，正是因为爱奇艺在某些频道上的短视频业务偏向和专门的短视频 App 开发，让他们找到了借助短视频进行直播推广的平台和渠道。同时，爱奇艺作为我国 BAT 三大视频网站之一，有着巨大的用户群体和关注度，因而如果以它为平台进行短视频的运营推广，通常可以获得不错的效果。

　　如图 4-5 所示为某快手运营者在爱奇艺平台中发布的一条短视频。可以看到，该运营者在短视频的最后展示了快手账号和二维码。这样一来，看到该短视频的用户如果对该运营者的直播感兴趣，便会及时查看直播。而该运营者的直播间无疑便可借此获得一定的流量了。

图 4-5　某快手运营者在爱奇艺上发布的一条短视频

6. 音频引流：占领用户的碎片化时间

音频内容的传播适用范围更为多样，用户在开车、运动、读书和工作时都能收听音频节目。音频相比视频来说，更能满足人们的碎片化需求。对于运营者来说，利用音频平台来宣传主播和直播信息，是一条非常不错的营销思路。

音频营销是一种新兴的营销方式，它主要以音频为内容的传播载体，通过音频节目推广品牌、营销产品。随着移动互联的发展，以音频节目为主的网络电台迎来了新机遇，音频营销也得以进一步发展。音频营销具有以下两个特点。

（1）闭屏特点

闭屏的特点能让信息更有效地传递给用户，这对品牌、产品的推广营销而言是更有价值的。

（2）伴随特点

相比视频、文字等载体来说，音频具有独特的伴随属性，它不需要视觉上的精力，只需耳朵收听即可。

以喜马拉雅 FM 为例，它是一款知名的音频分享的应用，用户可以通过它收听国内、海外等地区几十万个音频栏目。喜马拉雅 FM 相比其他音频平台，具有一些独特的特点，如图 4-6 所示。

在喜马拉雅 FM 平台上，用户可以直接通过搜索栏寻找自己喜欢的音频节目。对此，运营者只需根据自身内容，选择热门关键词作为标题，便可将内容传播给目标用户。运营者和主播应该充分利用用户碎片化的需求，通过音频平台来发布直播信息广告，因为收听广播的通常都是对某方面内容比较感兴趣的用户，所以音频广告的营销效果往往比其他形式的广告更为精准。而且，音频广告的运营成本也比较低，十分适合刚入门的直播运营者和新主播。

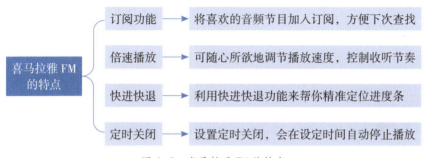

图 4-6 喜马拉雅 FM 的特点

例如，美食类运营者和主播可以与"美食"相关的音频栏目组合作。因为这些节目通常有大量关注美食的用户收听，广告的精准度和效果会非常好。

直播推广，集合多平台进行

通常来说，直播信息传播的范围越广，直播获得的流量就会越多。因此，当运营者和主播要进行或正在进行直播时，集合多个平台进行直播信息的推广，不失为一种快速获得大量流量的有效方法。

1.社交平台：最便捷的直播推广

在直播前对直播进行推广和预热是十分有必要的，只有这样才能保证有一定的流量，有众多的社交平台可以进行直播预告，下面进行相关讲解。

（1）微博

比如，在微博平台，用户只需用很短的文字就能反映自己的心情或者发布信息，这样便捷、快速的信息分享方式使得大多数企业、商家和直播平台开始抢占微博营销平台，利用微博"微营销"开启网络营销市场的新天地。

在微博上引流主要有两种方式，分别是在展示位中展示直播的相关信息，以及在微博内容中提及直播。其中，较为常见的就是在微博内容中提及直播或者相关产品，增强宣传力度和知名度。

例如，运营者和主播可以开通自己的微博账号，然后在自己的微博里分享直播链接，借此吸引更多的粉丝。

（2）微信

微博是广布式营销，而微信是投递式营销。相比之下，微信的营销推广会更加精准，尤其是微信朋友圈。相信不用笔者说，大家都知道，微信运营者可以利用朋友圈的强大社交性为自己的直播吸粉引流。因为与陌生人相比，微信好友的转化率较高。例如，我们可以将直播链接分享到朋友圈，朋友只要轻轻一点就可以直接观看直播。

这种推广方法对于刚刚入门的主播更为适用，因为熟人更愿意帮助推广，从而逐渐扩大你的影响力，这样才能吸引新用户的注意，获得更多流量。

（3）知乎

知乎平台是以分享知识和交流经验为主的一个平台。在该平台内，你会碰见一些经验性强的用户。因此，我们可以利用自己的专业进行教育直播或者科普直播等，然后对直播信息进行分享，吸引知乎用户的关注。

2. 口碑营销：低成本的高效推广

"种草"和"安利"都属于在口碑营销中产生的词汇，那么，有哪些属于形成口碑的因素呢？笔者认为，主要包含两个因素，即优质服务和高性价比。

（1）优质服务

好的服务能让消费者在消费过程中获得好的购买体验，因此服务也是销售的重点。主播在直播带货中，可以通过树立良好的人设赢得用户和粉丝的喜爱。换句话说，就是让用户觉得你是一个"良心"主播，你"安利"的产品也非常"良心"。优质的服务就是站在用户的角度，让用户感到开心、满足，这也是建立良好口碑的开端。

物流服务也是提高服务的重点。用户收货的时间越短，用户对店铺的印象也就越好。因此，提升自身商品的物流服务，让用户拥有一个很好的物流服务体验，也可以为自己的品牌赢得很好的口碑，进而塑造良好的口碑。

（2）高性价比

性价比是用户对产品"种草"时的常见词汇。性价比的重点在于价格与效果的平衡。所谓的高性价比，就是指产品能够达到的效果超过了产品的价格。在利用产品的高性价比进行直播带货时，主播要重点表现出产品质量和价格的平衡性，让用户觉得主播推荐的产品是物有所值的，甚至是物超所值的。

在直播带货过程中，影响用户"种草"的因素主要有两个，即产品和主播，具体分析如图4-7所示。

图4-7 直播带货影响口碑的因素

为什么运营者和主播要花费心力打造良好的口碑了呢？这主要是因为良好的口碑可以给直播带来5个好处。

·挖掘潜在的消费者。口碑营销在消费者，尤其是潜在消费者购买产品的过程中影响重大。这类用户会询问使用过产品的消费者的购买体验，或者查看产品下方的评论，了解用户的使用感受。所以，已使用过产品的消费者的评价，在很大程度上会影响潜在用户的购买意愿。

·提高产品复购率。良好的口碑体现的是社会对品牌的认同，口碑越好的品牌就越容易被用户信赖，而该品牌旗下产品的复购率自然也会越高。

·增强营销说服力。口碑营销相较于传统营销更具感染力，口碑营销的产品营销者其实是使用过产品的用户，而不是品牌方。这些使用过产品的用户与潜在的消费者一样都属于消费者，因此，这些产品营销者的营销内容往往更具有说服力。

·解决营销成本。口碑的建立，能够节约品牌在广告投放上的成本，为企业的长期发展节省宣传成本，并且替品牌树立长期的良好形象。

·促进企业发展。口碑营销有助于减少企业营销推广的成本，并增加消费者的数量，从而推动企业的成长和发展。

3. 平台联盟：多个平台共同推广

平台联盟指在多个平台中进行直播预告。例如，在直播的同时，将直播链接分享到微博、朋友圈、各大论坛和博客等。分享直播信息的方式有很多，运营者既可以直接在资料上填写直播间信息，也可以将直播录屏内容制作成短视频进行分享。

有许多主播会在各大平台中分享直播的相关消息，或者分享直播的精彩瞬间。如图 4-8 所示为某游戏主播在其微博和 B 站中进行的游戏直播视频分享。

图 4-8　某游戏主播的微博和 B 站的游戏直播视频分享

4. 线下活动：传统的推广方式

线下活动推广主要是利用实际生活中的活动获取更多的网上流量，进而获得更好的推广效果。

例如宣传一个品牌，如果只是通过发传单或者做演讲的形式让路人了解该品牌，那么这样的推广效果往往是很有限的，因为宣传的影响范围比较窄。如果在做活动的同时进行直播，就会有更多的人从网上了解这个活动，尽管很多人可能不会来到活动现场，但这些人还是通过直播知道了这件事情，而品牌推广的覆盖范围自然就扩大了。

线下推广虽然是一种传统的推广方法，但是却可以与直播相结合，让营销获得更好的效果。具体来说，线下推广与直播相结合的推广模式主要有 3 个优势，即传播范围更广、获取的用户更多和用户的参与度更高。

公域推广，获得更多曝光度

公域就是公共领域，例如，许多人都会通过淘宝平台销售产品或购买产品，因此，淘宝自然也就成了一个公域平台。因为公域平台往往拥有较多的流量，所以在公域平台上进行推广，能让被推广的信息获得更多的曝光度。

为了提升直播时商品的转化率，优化用户观看直播时的消费体验，也为了让主播的优质内容覆盖更多的流量场景，淘宝上线了"直播看点"的功能。因此，淘宝运营者和主播可以利用"直播看点"进行直播信息的推广，让直播获得更多的曝光度。下面笔者就来介绍利用"直播看点"进行直播推广的相关内容。

1. 直播看点的功能

直播看点无论是对主播，还是对消费者来说，都是一种便利的功能，下面笔者就来具体分析。

（1）对主播来说：主播可以在直播讲解宝贝的卖点之前，先在中控台上点击对应宝贝的"标记看点"按钮，标记看点。而淘宝则会根据主播的标记，生成"直播看点"内容。这样一来，主播便可以将精彩内容进行良好的展示，从而提高宝贝下单成交的转化率。

（2）对消费者来说：用户在观看直播的过程，可以点击"看讲解"按钮，根据自己的喜好自由切换至任意宝贝讲解的片段，快速查看主播讲解该宝贝的直播内容，这能在很大程度上提升用户的体验感。

2. 使用直播看点的好处

知道了"直播看点"是什么之后，笔者给大家分析一下使用直播看点有什么好处，主播和消费者为什么要选择使用它，如图 4-9 所示。

使用直播看点的好处

会被平台推荐到所见即所得模块和主页搜索渠道，获得更多的曝光

在后续推出的营销活动中，其直播间售卖的宝贝有可能会被优先展示

给用户带来更好的体验，提高成交转化率，为主播带来更多收益

图 4-9　使用直播看点的好处

主播拉新，获取更新的粉丝

TIPS 033

做任何生意，用户都是非常重要的因素。如果你拥有成千上万的专属用户，那么不管做什么事情，都更容易取得成功。因此，

不管是电商还是个人主播，不管是传统行业还是新媒体行业，打造自己的专属私域流量池，将用户转变为铁杆粉丝，是每一个运营者和主播都需要用心经营和为之努力的目标和方向。本节笔者将为大家详细介绍主播拉新，获取更多粉丝的具体方法和技巧。

1. 通过社交平台实现站外拉新

看到标题，很多读者可能会产生疑问："什么是站外拉新？"所谓的"拉新"，即吸引新的用户。对于各大 App 而言，拉新就是吸引用户进行下载和注册；而对于主播来说，拉新即吸引新的粉丝点击关注。而站外拉新，即通过外部的社交平台和工具进行引流，积极吸引新粉丝关注来提高主播人气。

在进行站外拉新的过程中，站外平台的选择非常关键。那么，哪些站外平台适合拉新，又如何进行拉新呢？笔者在 TIPS030 中对借助各平台推广直播的方法进行了介绍，各位主播只需参照执行即可，在这里就不再赘述了。

2. 通过店铺微淘实现站内拉新

除了利用社交平台进行站外拉新，运营者和主播还可以通过对商家店铺、微淘等渠道进行预热，在站内引导用户访问直播间，提高直播间的活跃度，进而获得更多的流量和曝光度。接下来笔者就以淘宝平台为例，向大家具体介绍几种站内拉新的方式。

（1）直播预热

在淘宝店铺的首页可以放入直播预热模板，如图 4-10 所示。

图 4-10 淘宝店铺首页直播预热

（2）设置自动回复

运营者和商家可以根据要直播的内容，设置自动回复，让新老客户都能看到直播信息。

（3）发布直播的相关信息

运营者和商家可以通过淘宝中的"店铺微淘"发布直播的相关信息，如图 4-11 所示。

图 4-11　在"店铺微淘"中发布的直播信息

3. 通过创建社群增强粉丝黏性

主播或运营者可以创建社群将粉丝拉进群中，通过日常的沟通，增加与粉丝的互动，从而有效地增强粉丝的黏性。如图 4-12 所示为某游戏主播创建的一个粉丝群。

如果对该主播的节目非常喜爱，粉丝就会留在群里，再加上主播和群成员经常会分享游戏操作经验，因此粉丝自然就更愿意留下来。如图 4-13 所示为群成员分享的游戏操作经验。

图 4-12　某主播的微信
粉丝群

图 4-13　在粉丝群中分
享游戏操作经验

103

增加黏性，巩固粉丝忠诚度

当主播拉新成功，积累了一定量的粉丝之后，如何来巩固这些粉丝就是接下来要做的重要工作了。接下来笔者将从 5 个方面详细分析如何增强粉丝的忠诚度。

1. 互相关注粉丝来增强黏性

如果用户喜欢某个账号发布的内容，就可能会关注该账号，以方便日后查看该账号发布的内容。虽然关注只是用户表达对主播喜爱的一种方式，但大部分关注你的用户也不会要求你进行互关。

如果用户关注了你之后，你也关注了他，那么用户就会觉得自己得到了重视。在这种情况下，那些互关的粉丝就更愿意持续关注你的账号，粉丝的黏性自然也就大大增强了。

2. 挖掘用户痛点来满足需求

想要巩固粉丝，我们可以输出一些有价值的内容。在网络时代，文字的真实性越来越受到怀疑，而主打真实声音和视频直播的 App 却逐渐流行起来。例如，喜马拉雅 FM 发展至今已拥有数亿用户群体，其所依靠的就是真实的声音，利用声音作为内容载体为粉丝带来价值。

喜马拉雅 FM 的定位比较成功，它为用户提供了有声小说、相声评书、新闻、音乐、脱口秀、段子笑话、英语、儿歌儿童故事等多方面的内容，满足了不同用户群体的需求。在 App 的功能上，喜马拉雅 FM 也以真实性的声音为核心。如图 4-14 所示为喜马拉雅 FM 中部分直播页面展示。

无论什么时候，主播的内容营销都要聚焦用户的痛点需求，了解用户关心的问题、他们的兴趣点

图 4-14　喜马拉雅 FM 中部分直播页面展示

和欲望，只有如此，才能为用户带来更有价值的内容。

痛点的挖掘需要一个长期的过程，但是主播在寻找用户痛点的过程中，必须注意一些事项，如图 4-15 所示。

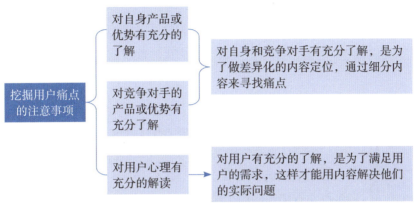

图 4-15 挖掘粉丝痛点的注意事项

那么，在主播的内容营销中，用户的主要痛点有哪些呢？笔者总结为 5 点，如图 4-16 所示。

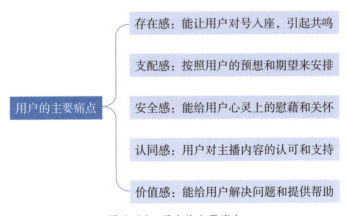

图 4-16 用户的主要痛点

主播在创作内容的过程中，可以将满足这些痛点的内容作为标题，弥补用户在现实生活中的各种心理落差。

3. 将产品特色与热点相结合

在直播营销中，既要抓住产品的特点，又要抓住当下的热点，这样两者相结合才能产生更好的宣传效果，打造出传播广泛的直播。例如，在奥运会期间，各大商家紧紧抓住相关热点，再结合自家产品的特点进行了别具特色的直播。

一个家具旗舰店的直播紧密围绕"运动"这一热点来展开，其主题就是"家具运动会，全家总动员"。在直播中，主播通过聊奥运热点、趣味事件与用户进行互动，同时始终围绕自家的家居产品，极力推销优势产品。比如，如何躺在舒适的沙发上观看奥运直播、怎样靠在椅子上聊奥运赛事等。

如果能在直播中将产品特色与时下热点相结合，就能让用户既对你的直播全神贯注，又能被你的产品所吸引，从而产生购买的欲望。

吸引粉丝，获得更高的人气

吸粉引流的方法有很多，除了借助站外平台，运营者和主播还可以在直播间吸粉。接下来笔者就来讲解具体的方法。

1. 获得高人气的直播技巧

下面笔者总结了一些让直播间人气暴涨的技巧，如图 4-17 所示。

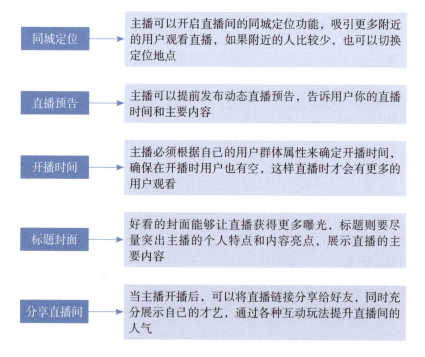

图 4-17 让主播的直播间人气暴涨的技巧

2. 轻松提升收益的技巧

很多主播都希望通过直播来获取更多收益，下面笔者根据抖音和快手平台的直播变现方式，为大家介绍一些提升直播收益的技巧。

（1）心愿清单

运营者和主播在进行一场直播前，可以先树立自己的直播目标。以快手直播为例，运营者和主播可以通过快手直播的心愿清单功能，将目标展示在直播间中，让用户帮你达成目标。具体来说，运营者和主播可以通过如下步骤设置心愿清单。

步骤 01 进入快手直播间，点击右下角的"更多"按钮。在弹出的提示框中点击"直播心愿"按钮，即可看到"今日直播心愿"提示框。在"今日直播心愿"提示框中 ❶ 添加直播心愿，❷ 点击"生成心愿"按钮，如图 4-18 所示。

步骤 02 操作完成后，返回直播间。如果此时直播间出现了直播心愿的相关项目（注意：直播心愿会以轮播的形式出现，每次只出现其中的一项），就说明直播心愿设置成功了，如图 4-19 所示。

图 4-18　点击"生成心愿"按钮

图 4-19　直播心愿设置成功

（2）礼物收益

在直播时，喜欢主播的用户会送出各种礼物道具，此时主播一定要对粉丝表达感谢之情。主播可以通过活动来提升直播间的热度和氛围，收获更多的粉丝礼物，同时还可以冲进比赛排名，得到更高的礼物收入。

（3）销售收益

主播在直播时除了可以接受用户的礼物，还可以在直播中添加产品，通过产品的销售获得佣金。

粉丝运营，打造私域流量池

在进行直播时，我们需要利用粉丝效益，打造私域流量。本节将介绍粉丝运营的技巧，帮助你获得更多的粉丝。

1.私域流量：汇聚众多直播粉丝

下面笔者要和大家分享一下未来获得商业红利的工具——私域流量池。为什么要分享这个内容呢？因为很多时候我们在平台运营账号，更多的只是在做平台的运营，而没有把流量给留下来。

这种做法有一个很大的弊端。比如，在淘宝运营了一段时间之后，你的销量越来越高了，但是突然有一天，你的店被封了，或者现在平台不给你流量了，又或者是你的店不花钱去买流量了，这个时候，你的顾客可能就不再是你的顾客。他们看到其他店铺有自己喜欢的东西，可能就不会再去关注你了。

私域流量池的特点是什么呢？它比较具有私密性。用户在你这里观察到的内容，无法去其他平台找到相同的。它的私密性对于成交是非常有利的。

我们在打造私域流量池的时候，要注意以下几点。

（1）私域流量池要有价值点

价值点就是用户能从你这里得到什么价值。比如，在笔者的朋友圈里面，每天都会分享一些关于抖音的操作方式、短视频内容制作灵感等，笔者的内容对很多运营抖音账号的人来说就是有价值的。而且，除了抖音之外，在笔者这里用户还能学到其他的内容。

这样笔者就渐渐地打造了一种生态化的私域流量池，很多人越来越离不开笔者，他们会越来越希望能够在这里长久地扎根下去。就像很多人跟笔者学了如何运营抖音账号以后，还想跟笔者学社群运营、微商运营和自媒体运营等。这就是因为笔者的私域流量池提供了价值点，所以用户越来越离不开笔者了。

（2）要找到产品的核心卖点

不管我们销售的是哪种产品，都要让用户看到产品的卖点。比如，销售课程的运营者和主播可以让用户看到你的课程内容的专业性，或者认为你的课程内容更加完善。这样用户在看到你的课程卖点之后，就会更想要购买你的课程，甚至还会直接进入你的私域流量池。

（3）要打造个人魅力

个人魅力很重要，比如，同样是在抖音做培训，为什么有些人招学员收取的学费的价格比你的还高，但他招到的学员比你招到的还多？主要的原因可能就是他的个人魅力能够吸引学员。

大家一定要清楚你的个人魅力是什么，并借助个人魅力，实现引流变现。比如，你有某方面的兴趣爱好，而跟你有同样兴趣爱好的人，可能就会被你吸引，在你这里购买产品。

（4）要做好团队和用户的管理。微信是比较适合进行团队管理的一款社交软件，运营者和主播可以将用户拉入微信群，方便随时沟通。无论是员工的团队管理，还是顾客的管理，都可以通过微信群的交流来提高沟通效率。

2. 粉丝转化：将用户转化为粉丝

私域流量池更注重用户的转化，因为用户可能在多个不同的平台上，运营者和主播要做的，就是把这些平台上的人都吸引到自己的微信等社交软件上来，然后进行转化和维护。

当你通过公域流量将直播信息进行曝光时，就会吸引新用户的点击，你的直播也得到了推广，你要做的就是将这些新用户转化为你的粉丝。这些粉丝的点击率就是你的流量，有流量就能有更多的收益。面对这些用户，运营者和主播需要主动出击，建立信任感。具体来说，运营者和主播可以从如下角度吸引用户的持续关注，获得用户的信任。

（1）对待事物的看法

你对待事物的看法和处事方式具有价值，并且是正向的、积极的和独特的。

（2）为人的人品

作为一个主播，一定要注重自己的人品，很多时候粉丝愿意购买你推荐的产品就是因为相信你的人品。

3. 粉丝沉淀：粉丝的可持续变现

粉丝沉淀是通过做好粉丝的维护，让粉丝成为你的回头客，从而实现可持续的变现。因为在直播平台上很难实现二次成交，顾客买了你的产品以后，下次可能不在你这里买了。但是如果把这些人吸引到私有流量池，那么我们的产品上新和我们的模式更新等的一切消息都会通知到位。

这个时候会出现什么情况？很容易实现二次成交。私域流量池就是我们自己的流量，将这些流量吸引进直播间通常不需要花费太多的成本，这样就可以把钱省下来去用于用户的维护。

比如，运营者和主播可以请专业的老师给用户进行指导，偶尔可以为粉丝户组织活动。对粉丝的维护带来的成果主要是二次成交，二次成交永远比第一次成交要快得多。所以一定要把粉丝维护好，把服务做好。

4. 粉丝召回：促使粉丝固定回访

粉丝召回就是通过固定回访等方式让粉丝多次购买产品，充分挖掘粉丝的购买力。如果你关注了一家淘宝店，在这家淘宝店内平常跟你聊天的是谁，你都不知道，你就会觉得沟通都是冷冰冰的，没有人情味。微信更注重生活性的交集，所以通过微信进行沟通更容易实现多次成交。

这就是未来能够带来的商业的红利，如果每个人都积蓄自己的力量，把所有平台上的用户能拉进自己私域流量池的都拉进来，组建生态，让这些用户愿意在这里待下去。每天只需在朋友圈发四五条信息，让用户觉得你的内容有价值，那么后期的直播卖货变现还会难吗？

第**5**章

商业变现：
10 种方式让你的收益翻倍

学前提示　　　许多运营者和主播之所以要花费大量时间和精力进行直播，就是希望通过直播来实现变现，让自己获得收益。因此，本章笔者就来重点介绍 10 种可以让大家收益翻番的商业直播变现方式。

要点展示

· 粉丝打赏：卸下粉丝戒备心

· 销售产品：通过直播电商变现

· 付费观看：优质知识产品的变现

· MCN 网红：机构化运作稳定变现

· 网红变现：高效实现盈利目标

· 企业宣传：为企业提供技术支持

· 卖会员：以特殊服务获得变现

· 品牌广告：收取巨额的广告费

· 版权销售："大块头"的变现

· 形象代言：有偿助品牌传播信息

粉丝打赏：卸下粉丝戒备心

打赏是一种比较常见的直播变现方式，现在很多直播平台中的主播主要还是依靠打赏来获得收益的。所谓打赏，是指粉丝在观看直播时通过金钱或者虚拟货币来表达自己对主播或者直播内容的喜爱。这是一种新兴的鼓励付费模式，是否进行打赏，决定权在粉丝自己手中。

打赏已经成为直播平台和主播的主要收入来源之一，与微博、微信文章的打赏相比，直播中的打赏来得更快，粉丝在打赏时也比较冲动。

与卖会员、VIP 等强制性付费模式相比，打赏是一种截然相反的主动性付费模式。当然，在直播中，运营者和主播要想获得更多粉丝的付费鼓励，除了需要提供优质的直播节目内容，还需要掌握一定的直播技巧。

粉丝给文章打赏，是因为文字引起了自己的情感共鸣；而粉丝给主播打赏，有可能只是因为主播讲的一句话，或者主播的一个表情、一个搞笑的行为，触动了自己。相比较而言，直播时粉丝打赏缺乏一丝理性。同时，这种打赏很大程度上也引导着直播平台和主播的内容发展方向。

对主播来说，打赏这种付费鼓励变现模式虽然可以让粉丝获得更好的体验，但收益无法控制。不过，对于直播界的超级网红来说，粉丝打赏获得的收益通常不会太低，而且可以在短时间内创造大量的收益。如图 5-1 所示为某直播相关画面，可以看到其中便有部分粉丝通过赠送虚拟礼物的方式对主播进行打赏。

图 5-1　粉丝通过赠送虚拟礼物打赏主播

另外，获得粉丝打赏之后，主播也可以直接将打赏的虚拟礼物等进行提现。例如，在抖音中，运营者和主播可以 ❶ 点击"我"界面中的 ▤ 图标，在弹出的列表中，❷ 点击"钱包"按钮，如图 5-2 所示。操作完成后，即可进入"钱包"界面，查看直播收入，如图 5-3 所示。如果运营者和主播获得了粉丝的打赏，可以点击"直播收入"右侧的"体现"按钮，将打赏进行提现。

图 5-2 点击"钱包"按钮

图 5-3 查看"直播收入"

销售产品：通过直播电商变现

现在很多的直播都与电商业务联系在一起的，特别是一些直播 IP，他们在布局电商业务的同时，又利用其本身的强大号召力和粉丝基础，以直播的形式吸引流量，进行导流和电商变现。

例如，淘宝直播就是一个以网红为主的社交电商平台，它为明星等直播人物 IP 提供了更快捷的变现方式。淘宝直播的流量入口被放置在"手机淘宝"App 主页界面菜单栏的下方，用户只需点击"淘宝直播"栏目，便可进入"淘宝直播"界面，如图 5-4 所示。

图 5-4　淘宝直播入口

用户进入"淘宝直播"界面后，即可看到很多淘宝直播的主播发布的直播图文内容，而且这些内容大部分都是主播们原创的，图片也是经过亲身体验后拍摄的。

当进入某个直播间之后，如果运营者和主播在直播中添加了商品，那么，直播购物袋中便会显示添加的商品数量，如图 5-5 所示。而用户点击直播购物袋之后，便会弹出一个显示直播销售商品信息的列表框。用户可以点击对应产品的"马上抢"按钮，并根据提示进行下单，如图 5-6 所示。用户下单之后，运营者和主播便可以通过产品销售，获得一定收益了。

另外，在一些其他的直播平台上，同样存在利用主播的高人气引导用户进入线上店铺进行购买的盈利变现模式，而且这种引流是跨领域的，甚至出现了游戏主播到日常礼品的导流。

对于互联网创业者或者企业来说，其实并没有必要亲自去验证这些淘宝主播 IP，如果有合适的产品也可以联系淘宝主播 IP 来协助宣传，让他们来为店铺引流。

当然，那些没有开店，只是帮助商家推荐商品的主播，也可以从商家处获得佣金收入。在这种互联网电商模式下，直播主播 IP 充当了流量入口，为商家或自己的店铺提供了推广渠道。

这种用互联网思维卖货的主播 IP 电商导流模式，可以更加精准地把握客户需求，不仅流量成本更低，而且转化率也更高。

图 5-5　淘宝直播入口　　　　　　　图 5-6　淘宝直播入口

　　影响电商变现的因素有 3 个：商品上新速度、粉丝营销能力和供应链管控能力。此外，电商变现的优势包括 3 个部分，第一为商品销量高，第二为发展速度快，第三为营销能力强。

付费观看：优质知识产品的变现

　　在直播领域，除了打赏、用户现场订购等与直播内容和产品有着间接关系的盈利变现，还有一种与直播内容有着直接关系的盈利变现模式，那就是优质内容付费模式——用户交付一定的费用再观看直播。当然，这种盈利模式首先应该基于 3 个基本条件，即主播有一定数量的粉丝、粉丝的忠诚度较强和拥有优质的直播内容。

　　在具备上述条件的情况下，直播平台和主播就可以尝试通过优质内容付费来进行变现。内容付费起初出现在包含直播内容的微信公众号中，它是基于微信公众号文章的付费阅读模式发展而来的。如图 5-7 所示为部分微信公众号上的直播付费内容。

图 5-7　部分微信公众号上的直播付费内容

关于优质内容付费的盈利模式，在尽可能吸引受众注意的前提下，该模式主要可以分为 3 类，具体如下。

1. 先免费，后付费

"先免费，后付费"是初创期直播平台的一种常用变现模式。这些平台开始可以通过免费直播的方式来吸引用户关注主播的直播，从而勾起用户的兴趣，然后再推出付费的直播内容。

2. 限时免费

直播平台和主播除了提供初创期的免费直播课程，有时还会提供另一种免费方式——限时免费。直播平台可以设置免费的方式和时间，意在说明该直播课程不是一直免费的，有时会以付费的方式出现，提醒受众注意关注直播节目和主播。

有些直播还会以限时免费的形式开展。例如，某教育直播平台专门设置了"免费好课"栏目，用户只需点击菜单栏中的"免费好课"按钮，便可进入"【免费专区】精选好课推荐"界面，限时抢购免费课程，如图 5-8 所示。

"限时免费"与"先免费，后付费"的方式有着相似之处，都是存在免费和付费两种方式。但两者之间还是有区别的，那就是"限时免费"的收费设置在设置免费时间上是不固定的，可在任何时候进行。而"先免费，后付费"是基于让用户了解直播节目和主播的目的而设置的，它在免费和付费的选择上是有先后顺序的。

图 5-8　某平台的免费直播课

3. 折扣付费

为了吸引用户的关注，直播平台有时会采取打折的方式销售直播内容。它能让用户在感受直播节目或课程原价与折扣价之间的差异。若将原价设置得比较高，用户一般会产生一种"这个直播节目的内容应该值得一看"的心理。但是，

用户也会因为它的"高价"而退却。而直播平台打折进行销售，就为那些想关注直播的用户提供了一个观看主播的契机。

某教育直播平台就设置了"0 ～ 1 元体验课"板块，用户只需花费 0 至 1 元，便可在该板块中选购直播原价较高的体验课，如图 5-9 所示。这无疑可以吸引大量用户的关注。

图 5-9　某教育直播平台的"0 ～ 1 元体验课"

MCN 网红：机构化运作稳定变现

多频道网路（Multi-Channel Network，MCN）模式来自于国外成熟的网红运作，是一种多频道网络的产品形态，基于资本的大力支持，通过生产专业化的内容，来保障变现的稳定性。

MCN 网红变现模式适合各领域的头部、腰部或尾部网红。90% 以上的头部网红，背后都有一个强大的 MCN 机构。

当然，要想打造 MCN 网红孵化机构，成为"捧起网红的推手"，自身还需要具备一定的特质和技能，具体如下：

①熟悉直播业务的运营流程和相关事项，包括渠道推广、团队建设、主播培养和市场活动开发等。

②熟悉艺人的运营管理，能够制定符合平台风格的艺人成长激励体系。

③善于维护直播平台资源，能够建立和优化直播人员的运营体系。

④有团队精神和领导团队的经验，能够面试和招募优质的新艺人，指导他们的职场发展。

⑤熟悉娱乐直播行业，对行业内的各项数据保持敏感，能够及时发现流行、时尚的事物。

⑥熟悉网红公会的运营管理方法，对游戏、娱乐领域的内容有高度兴趣。

随着新媒体的不断发展，用户对接收的内容的审美标准也有所提升，因此这也要求运营团队不断增强创作的专业性。由此，MCN 模式逐渐成为一种标签化 IP，单纯的个人创作很难形成有力的竞争优势。

对于许多主播来说，加入 MCN 机构是提升直播内容质量的不二选择。这主要是因为 MCN 机构不仅可以提供丰富的资源，还能帮助创作者完成一系列的相关工作，例如，管理创作的内容、实现内容的变现和个人品牌的打造等。

有了 MCN 机构的支持，运营者和主播就可以更加专注于内容的精打细磨，而不必分心于内容的运营、变现。

MCN 模式的机构化运营对于直播内容的变现来说是十分有利的，但同时也要注意 MCN 机构的发展趋势。如果不紧跟潮流，就很有可能无法掌握其有利因素，从而难以达到变现的预期效果。单一的 IP 可能会受到某些因素的限制，但把多个 IP 聚集在一起就容易产生群聚效应，进而提升变现的效率。

网红变现：高效实现盈利目标

TIPS
041

　　网红变现是一种以网红为核心的相关产业链延伸出来的一系列商业活动，其商业本质还是变现，即依靠用户的支持来获得各种收益。

　　网红变现模式适合有颜值、人设极具辨识度、有专业策划团队和有精准用户群体的网红大咖。网红变现模式的方法主要有以下 3 种：

　　①卖个人的影响力。通过网红的影响力来接广告、做品牌代言人，或者做产品的代购等进行变现。

　　②建立网红孵化公司。大网红可以创建自己的公司或团队，通过培养新人主播，为他们提供完备的供应链和定制产品，孵化出更多的小网红，从而共同增强自身的变现能力。

　　③打造个人品牌。网红通过建立自己的品牌，让自身影响力为品牌赋能，产生品牌效应，促进品牌产品或服务的销售。

　　例如，某网红走红之后，不仅在淘宝等电商平台上开设个人店铺，通过卖个人影响力来进行产品销售，还打造了个人品牌。如图 5-10 所示为该网红的天猫旗舰店主页和个人品牌旗下的产品。

图 5-10　某网红的天猫旗舰店主页和个人品牌旗下的产品

企业宣传：为企业提供技术支持

企业宣传主要是指提供针对性的行业解决方案，为有推广需求的企业提供付费技术支持。

直播平台可以提供专业的拍摄设备和摄像团队，为企业提供品牌推广、产品推广和活动宣传等直播服务，同时提供每场直播影像的数据分析服务，满足企业客户的更多需求。

例如，某平台就是一个为客户提供一站式拍摄、直播及短视频制作的服务商，该平台通过为企事业单位提供高质量的实时影像等技术支持来获得收益，其合作流程如图 5-11 所示。

图 5-11　某平台的合作流程

卖会员：以特殊服务获得变现

卖会员是内容变现的一种重要方法，这不仅在直播行业比较风行，而且在其他行业也早已经发展得如火如荼，特别是各大视频平台的会员制，比如乐视、优酷和爱奇艺等。如今很多视频平台也涉足了直播，并将会员这一模式植入了直播之中，以此变现。

直播平台与视频平台的会员模式有许多相似之处，其共同目的都是为了变现盈利。那么，直播会员模式的价值到底体现在哪些方面呢？具体分析如下。

①平台可以直接获得收益。

②直播平台的推广部分依靠会员的力量。

③通过会员模式可以更加了解用户的偏好，从而制定相应的营销策略。

④会员模式可以使用户更加热衷直播平台，并养成定期观看直播的习惯。

平台采用会员制的原因在于主播获得打赏的资金所占比例较高，在一定程度上削弱了平台自身的利益，而会员模式无须与主播分成，所以盈利更为直接、高效。对于运营者和主播来说，可以通过微信来管理会员，为付费会员开设专属的直播间。

品牌广告：收取巨额的广告费

对于那些拥有众多粉丝的直播节目和主播来说，广告是比较简单直接的变现方式，他们只需在自己的平台或内容中植入商家的广告，即可获得一笔不菲的收入。其中，广告的内容变现形式主要包括两类，即硬广告和软植入等，具体介绍如下。

1. 硬广告

"内容即广告"是众多视频直播节目的本质体现，很多视频直播节目会将广告嵌入到视频中，广告也是视频的一部分。因此，企业和商家可以直接在直播节目中发布商家的广告，也可以直接转发商家在其他平台上发布的广告。

例如，湖南卫视的《歌手》节目由某品牌牛奶冠名播出，所以在某期节目的第一个画面中，该品牌的名字便被多次直接植入，如图 5-12 所示。运营者和主播也可以参照这种方式，进行直播广告的植入来实现变现。

图 5-12　《歌手》节目的硬广告植入

在现代社会中，任何一种产品、服务的营销推广都离不开宣传，尤其是在直播营销兴起的现在，商家更是频出奇招，而在观看量巨大的直播中，硬广告则是非常有效的宣传方式。

不过，商家和企业需要注意一点，那就是在每则广告中，要尽可能地加入正能量的内容，这样当用户观看直播时，就会在感受正能量之余，更好地记住广告内容。

2. 软植入

软植入就是在直播中不经意地植入营销信息，为自己的产品做宣传，这种广告的痕迹不明显。

如图 5-13 所示为"手机摄影构图大全"微信公众号发布的一篇文章。该文章主要向读者介绍了通过手机蒙版制作单色效果的技巧，全文没对任何产品进行介绍，只是在文末告诉读者，更多技巧请见某本摄影书。而看到这里，读者马上就能明白过来，通过手机制作单色效果只是这本书中的其中一个技巧而已，全文看似没有介绍文末所说的摄影书，但文中的所有内容却都来自该摄影书。很显然，这便是一种软性的植入。

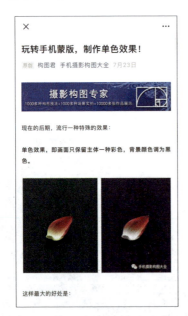

图 5-13 "手机摄影构图大全"微信公众号的软文广告

运营者和主播也可以参照这种方式，先发布一篇文章并软性植入要销售的产品，让用户对这些产品产生需求，从而有效地提高直播的销售量。

版权销售："大块头"的变现

版权销售这一内容变现模式大多应用于视频网站、音频平台。对于直播而言，主要在于各大直播平台在精心制作直播内容时引进的各种优质资源，比如电视节目的版权、游戏的版权等，而版权提供方则可以获得版权收入。

例如，LPL 曾将全赛季的直播版权授予全民直播、熊猫直播和战旗直播三大直播平台，并以此获得了大量的版权收入。

作为直播行业中势头发展一直稳健的游戏直播来说，各大赛事直播的版权都是十分宝贵的。因为只要平台拿到了版权，就可以吸引无数用户前来观看直播，而且赛事的持续时间较长，可以为直播平台带来巨大的收益。

形象代言：有偿助品牌传播信息

形象代言变现模式是指主播通过有偿帮助企业或品牌传播商业信息，参与各种公关、促销和广告等活动的直播，帮助品牌促成产品的购买行为，并使品牌获得美誉，建立一定的忠诚度。同时，运营者和主播成为品牌的形象代言人之后，也可以赚取巨额的代言费。

形象代言变现模式适合一些明星、商界大腕或者自媒体人等"大 IP"。这种变现模式的收益主要依赖于主播个人的商业价值，包括形象价值、粉丝价值、内容价值和传播价值等方面，这也是主播提升收入的关键因素。

互联网上有很多商务交易平台，都会对当下热门的明星和网红进行商业价值估算，如图 5-14 所示。主播可以将其作为参考目标，从各个方面来努力提升自己。

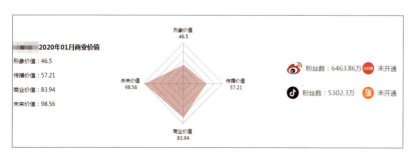

图 5-14　明星和网红的商业价值估算

第6章

产品"种草"：
10个技巧增加产品曝光度

学前提示

所谓"种草"就是通过产品展示，让用户看到产品的优势之后想要购买产品。"种草"是一种有效的增加产品曝光度的方法，成功的"种草"能极大地提高用户的购买欲。本章笔者就来重点为大家介绍10个"种草"技巧。

要点展示

- 从产品入手：用户偏爱的"种草"产品
- 从主播入手：寻找商业价值高的达人主播
- 从内容入手：通过直播内容让用户被"种草"
- 从主题入手：直播的主题以用户为核心
- 从推广入手：找准直播的传播运营模式
- 从场景入手：打造消费场景，增加信任度
- 从细节入手：注重产品细节，细节决定成败
- 从包装入手：通过内容包装获得更多曝光
- 从技术入手：利用创新技术提高展示效果
- 从KOL入手：外部KOL合作，内部KOL孵化

从产品入手：用户偏爱的"种草"产品

"种草"就是通过短视频和直播让用户对产品产生购买兴趣。从产品的角度对用户进行"种草"，可以从产品的选择及产品的价值方面出发，具体可以参考以下几点。

1. 产品的高质量

运营者和主播要对产品把好关，选择高质量的产品进行销售。选择优质的产品，既能加深用户的信任感，又能提高产品的复购率。在产品的选择上，运营者和主播可以选择产品供应链稳定的货源，并亲自筛选和使用产品。

2. 产品与自身要匹配

运营者可以根据自身的人设选择产品。例如，某个主播的人设是鬼马精灵，外形轻巧，那么与其人设匹配的产品，应该具有活力、明快、个性、时尚和新潮等特点。人设和产品匹配，会更好地显示出产品的适用性，让目标用户更好地看到产品的使用效果。

3. 产品的独特价值

产品的独特性可以从产品的造型或功能等角度出发。产品设计的独特性可以是产品与众不同的造型，而产品功能的独特性则可以是产品自带的新功能。当然，产品独特性的塑造必须紧抓用户的购买需求，毕竟购买产品的还是用户。产品只有满足了用户的需求，才能更好地被用户接受和购买。

4. 产品的稀缺价值

产品的稀缺性可以从限量、专业定制等方面进行体现，表示这类产品是独一无二的，甚至可以让用户看到产品的收藏价值。除此之外，还可以从产品的属性着手，对产品特有功能、使用人群和使用场景，甚至产地进行宣传。例如，地方特产就是利用地理的特殊性来进行产品销售的。

从主播入手：寻找商业价值高的达人主播

让用户对产品"种草"也可以从主播入手，通过商业价值高的达人主播对特定产品进行展示，让用户被"种草"，实现精准营销。具体来说，从主播入手让用户对产品"种草"，要重点做好以下两个方面的工作。

1. 主播的筛选

即使是同样的产品，不同的主播一场直播的销售量可能也会呈现出较大的差别。因此，如果企业和商家要想提高直播的产品销量，就应该为产品找到相对合适的带货达人。

那么，如何为产品找到合适的带货达人呢？笔者认为，首先要保证产品和带货达人，或者说主播的定位是贴合的。也就是说，你选择的主播要适合卖你的产品。举个简单的例子，如果企业和商家需要主播带的货是化妆品，那么选择美妆类主播相对来说是比较合适的。如果你选择的是销售生鲜类产品的主播，产品的销量可能就难以得到保障了。

其次，选择的主播要有足够多的粉丝，要确保开直播之后，能够吸引足够多的流量，从而让产品的销量更有保障。这一点很好理解，一个粉丝上百万的主播往往会比一个新主播获得的流量多。

其实，要为产品找到合适的带货达人，还有一种更方便的方法，那就是查看直播带货的相关榜单，根据榜单排名进行选择。如图 6-1 所示为飞瓜数据抖音版的后台，品牌方和商家可以点击"直播分析→直播达人榜"按钮。操作完成后，便可以查看抖音直播达人的排行情况。

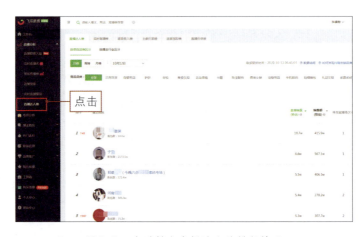

图 6-1 查看抖音直播达人的排行情况

2. 主播的包装

在直播中包装自己，主播除了要对内提高自身素养和对外展现更好的妆容，还应该在宣传方面多下功夫，让宣传的图片和文字获得更好的展示效果。

从图片方面来看，许多直播中的图片用的都是主播的个人照片。因此，要想让直播引人注目，就要找准一个完美的角度，更好地把直播主题内容与主播的个人照片相结合，做到相得益彰。

主播的长相是天生的，但宣传图片却是可以编辑和修改的。因此，如果主播的自然条件不那么引人注目，可以利用后期软件适当进行美化。当然，高颜值是相对的。在面貌既定的情况下，主播应该在 3 个方面加以努力来提高自身的颜值，即合适的妆容、整洁得体的形象和良好的精神面貌。下面笔者就来一一介绍。

（1）合适的妆容

在直播平台上，不管是不是基于提高颜值的需要，化妆都是必需的。另外，主播想要在颜值上加分，那么化妆是一个切实可行的办法。相较于整容这类提高颜值的方法而言，化妆有着巨大的优势，具体如下：

· 从成本方面来看，相对来说化妆成本要低得多。

· 从技术方面来看，化妆需要掌握的技术难度也较低。

· 从风险方面来看，化妆产生后遗症的风险比较小。

但是，主播的妆容也有需要注意的地方。在美妆类直播中，为了更好地体现产品的效果，妆容需要夸张一些，这样才能更好地展示产品的效果。一般说来，用户选择观看直播，其主要目的是为了获得精神上的愉悦，因此主播的妆容应该要让人觉得赏心悦目。

当然，主播的妆容还应该考虑其自身的气质和形象，因为化妆本身就应该是为了更好地表现主播的气质，而不是为了化妆而化妆，损坏自身本来的形象。

（2）整洁得体的形象

整洁得体的形象是从基本的礼仪出发对主播提出的要求。除了上面提及的面部的化妆，主播形象的整洁得体还应该从两个方面进行考虑，一是衣着，二是发型，下面进行具体分析。

从衣着上来说，主播应该在考虑自身条件、相互关系和用户观感的基础上，选择合理的搭配，具体如图 6-2 所示。

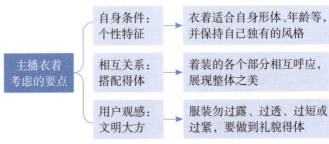

图 6-2　主播衣着的考虑要点

从发型上来说，主播应该选择适合自身的发型。如马尾，既可体现主播干练的一面，又能体现主播的俏皮、活泼。

（3）良好的精神面貌

如果主播以积极、乐观的态度来面对用户，展现出良好的精神面貌，那么，主播的直播表现将会获得加分。以认真、全心投入的态度来完成直播，让用户充分感受主播的良好精神面貌，能够从一定程度上提升主播直播"种草"的能力。

从内容入手：通过直播内容让用户被"种草"

优质的内容也会让用户更容易被"种草"。同样的产品，如果运营者和主播在直播中给出更加优惠的价格，或者能够充分展示出产品的使用效果，挖掘出用户的需求，那么，用户在看到直播之后，可能很容易就被产品"种草"了。

例如，同样的产品，用户在其他地方看到的价格是 100 多元，但是，你在直播中销售的价格是 70 多元，并且还保证是正品。那么，用户在看到你的直播之后，就比较想要购买你销售的产品了。

从主题入手：直播的主题以用户为核心

做好直播运营的第一步就是选好直播的主题，一个引人瞩目的主题是直播获得广泛传播的重要助力。因此如何确立直播主题，吸引用户观看直播，是直播运营中的关键步骤。俗话说"好的开头是成功的一半"，选好直播的主题也是如此。

本节将向读者介绍几种确立直播主题的方法，如明确直播目的并做好准备、从用户的角度出发制定主题、及时抓住实时热点来策划和利用噱头来打造直播话题等。

1. 明确直播目的并做好准备

主播要明确直播的目的，如果主播想要提高销售量，就要将直播主题指向卖货的方向，吸引用户购买产品；如果主播的目的是通过直播提升自己的知名度和影响力，那么直播的主题就要策划得宽泛一些。通常来说，直播的目的大致可以分为 3 种类型，如图 6-3 所示。

直播目的的类型
- 短期运营：想通过一两次直播来获得利益
- 持久性运营：将直播作为自己的职业来做
- 提升知名度：为了进一步扩大自己的影响

图 6-3　直播目的的类型

对于持久性运营而言，其直播目的在于通过持续直播，获得比较稳定的用户，所以这类直播的主题也应该具备长远性的特点。运营者和主播在策划直播主题时应该从自身产品的特点出发，结合其他商家的特点来突出自己的优势，或者直接在直播中教授给用户一些实用的知识和技巧。这样一来，用户就会对运营者和主播产生好感，成为运营者和主播的"铁杆粉丝"。

例如，某个专门为微胖女孩提供定制衣服的淘宝商家，其店内所有服装款式都主打显瘦的效果，吸引了不少用户的目光。在这个商家的直播中，不仅有产品的直接展示，而且还会告诉用户怎样选择适合自己的衣服，让用户在购物的同时学到了不少穿搭知识。如图 6-4 所示为这家淘宝店铺的主页和直播的页面。

图 6-4　淘宝店家的店铺主页及直播页面

从图 6-4 中可以看出，商家在直播中展示了模特的身高和体重，为用户提供了参考。用户看到直播中展示的信息之后就会觉得很实用，同时也有效抓住了女性的爱美心理，使用户与商家产生紧密的联系。

许多用户在观看完直播后都有一定的收获，所以也会对下次直播会带来什么精彩内容充满期待。这就是持久性运营直播的目的，为了实现销售的长久性，全力黏住、吸引用户。

2. 从用户的角度出发来制定

在服务行业中，有一句经典的话："顾客就是上帝。"在直播行业中，用户同样也是上帝，因为他们决定了直播的火热与否。没有人气的直播是无法经营下去的。因此，直播主题的策划应以用户为主，从用户的角度出发。从用户的角度出发制定主题有 3 个要点，如图 6-5 所示。

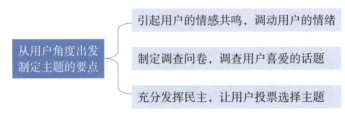

图 6-5　从用户角度出发的要点

从用户角度切入直播主题需要了解用户究竟喜欢什么、对什么感兴趣。为什么有的直播如此火热？为什么用户会看这场直播？原因就在于这些直播迎合了用户的口味。

现在关于潮流和美妆的直播是比较受欢迎的，因为这类直播的用户大多是年轻用户，这些用户对于时尚有自己独特的追求。比如，"清新夏日，甜美时尚减龄搭""小短腿的逆袭之路""微胖女孩的搭配小技巧"等主题都是用户喜爱的。而关于美妆的直播更是受到广大女性用户的热烈追捧。

例如，某主播专门在直播中讲解微胖女生的穿搭技巧。她会在直播中亲自试穿不同的服装，为用户讲解如何利用服装搭配技巧来掩盖身材的缺点。如果用户觉得主播试穿的衣服也适合自己，可以点击相关链接直接购买。

除此之外，各种包含新鲜热点、满足猎奇心理的主题也能勾起用户的兴趣。运营者和主播可以从身边的事情挖掘直播主题，同时多多关注那些成功的直播是怎么做的，这样才能策划出更受用户欢迎的直播主题。

当然，用户自己投票选择主题也体现了从用户角度出发点。一般情况下，直播都是由运营者和主播决定主题的，然后直接把内容呈现给用户。为了迎合用户的喜好，主播可以按照用户的意愿，在直播时随机应变，让用户积极地进行参与。

投票的另一种方法就是直播之前投票。例如，主播可以在微信公众号、微博等社交软件发起投票，让用户选择自己喜爱的主题。

3. 及时抓住时事热点来策划

在互联网快速发展的时代，热点就代表了流量。因此，及时地抓住时代热点是做营销的不二选择。在这一点上，主播要做的就是抢占先机，迅速出击。打个简单的比方，如果一个服装设计师想要设计出一款引领潮流的衣服，那他就要有对时尚热点的敏锐眼光和洞察力。确定直播主题也是如此，一定要时刻注意市场的变化，特别是社会的热点所在。

总而言之，既要抓住热点，又要抓住时间点，同时还要抓住用户的心理，这样才能策划出一个优质的直播主题。在直播主题策划中，抓住热点做直播应该分3 个阶段来进行，具体内容如下。

（1）策划开始阶段

在这一阶段，直播营销和运营者首先要做的是"入"和"出"的工作。所谓"入"，就是怎样把热点切入直播中。例如，可以根据产品、用户的不同来选择合适的切入角度。

所谓"出"，就是怎样选择直播的发布渠道，这就需要找准合适的直播平台。具体来说，运营者和主播可以根据自身直播的内容分类、自身在各直播平台的粉丝数量，以及直播平台的特点来选择合适的直播平台。例如，与游戏结合的产品和直播内容，就应该选择在那些主打游戏的直播平台上直播。

（2）策划实施阶段

在确定产品切入角度，选择了合适的直播平台之后，运营者和主播接下来要做的就是在上述基础上进行具体的内容准备。首先，运营者应该撰写一篇营销宣传文案，为了增强文案的营销效果，运营者在撰写文案时要做好热点和用户兴趣的融合。其次，运营者应该在整体上对直播内容进行规划布局，根据热点策划直播内容。具体来说，应该注意 3 个方面的内容，如图 6-6 所示。

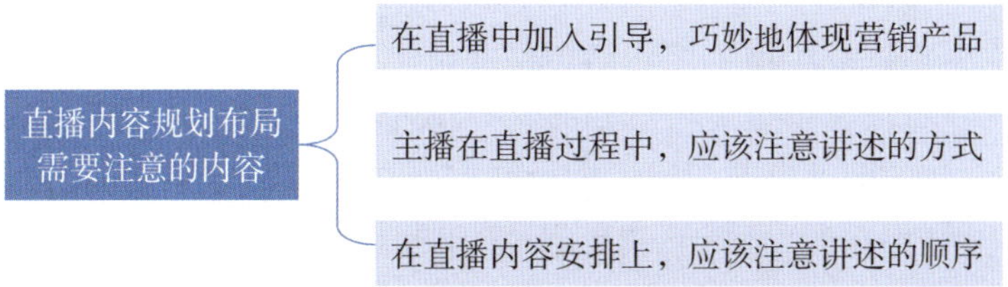

图 6-6　直播内容规划布局需要注意的内容

（3）策划输出阶段

热点是有时效性的，直播内容的输出也应该在合适的时间点呈现出来。既不能在热点完全过时的时候输出内容，因为那时可能出现了新的热点，原有的"热点"已经不再是热点了；也不能在热点还未热起来的时候就将其作为直播主题，除非运营者和主播自身有着极大的影响力，否则可能会因为选择不当而错失方向，也可能为他人做了嫁衣。

因此，在策划直播主题时应该找准时间点，要准确、快速地击中用户的心，吸引他们关注。其实，把握热点话题来策划直播主题是一个非常有效的营销方式，具有巨大的营销作用，具体如下：

①热点可以吸引大量的用户关注，可以增加直播内容的受众。

②借助热点打造内容引导用户购买产品，可以增加产品的销量。

4.利用噱头来打造直播话题

制造一个优质的话题也是直播营销成功的法宝。当然，制造话题也是需要技巧的，利用噱头来打造话题会吸引大量用户的目光。所谓噱头，就是看点和卖点。那么，如何利用噱头来打造话题呢？笔者认为可以从 3 个方面进行考虑，具体如下：

①引用关键热点词汇做噱头。

②抛出关于主播的噱头。

③将爆炸性新闻作为噱头。

在策划直播主题时，主播要学会利用热点词汇做噱头来吸引用户的注意。例如，在相声《文坛》中有一句话："干干巴巴的，麻麻赖赖的，一点都不圆润，盘它！"这句话原本的笑点在于不管是什么都能"盘"，遇到什么"盘"什么。后来被很多主播用于直播带货中向用户推荐产品，让用户进行购买。类似的热点词汇还有很多，比如"走心""安利"等。

许多运营者和主播在直播中，就是通过借助"安利"这个关键词来吸引流量的。如图 6-7 所示的两个直播主题中就使用了这个热词。

利用噱头来打造主播主题和话题是非常实用的直播技巧，它能引起用户的情感共鸣，让直播获得更多流量和收益。成功的直播主题策划需要能吸引用户前来观看，因此利用噱头打造直播主题就成为了一种有针对性的直播文案写作方式。

图 6-7 利用热词打造直播主题

从推广入手：找准直播的传播运营模式

TIPS 051

在运营直播时，找准传播渠道是一个重要的环节。这种传播渠道从某种意义上来说也是一种推广模式。随着直播的不断深入发展，直播已经不再是单纯的作秀，而渐渐成为了真正的营销方式。所以，想要将产品成功地推销出去，找准推广模式是一个必不可少的环节。下面笔者就来为读者介绍几种直播推广模式。

1. 发布会式直播，多平台同步

发布会式直播的重点在于多平台同步直播，因为发布会只有多平台同步直播才能吸引更多用户的关注。打个简单的比方，央视的春节联欢晚会如果没有各大卫视的转播，那么其知名度、曝光率就不会那么高。将产品进行多渠道展现是为各平台的用户提供讨论的专属空间，这样一来，他们也能在自己已经熟悉的互动氛围中进行自由的交流和讨论。

例如，某品牌手机的新品发布会不同于以往只在该品牌官网的平台上直播，而是在各大直播平台上同步进行直播，因此会格外惹人注目。比如，人气超高的虎牙直播、斗鱼直播和哔哩哔哩直播等都能看到这场直播。

而该品牌手机的发布会在各大平台直播所引起的讨论风格也是各不相同的，因为每个直播平台的用户群体特征不一样，因此各自的观点也是有些差异的。这种发布会式直播的模式之所以能获得令人意想不到的效果，主要有以下 3 个方面的原因。

①在直播之前，该品牌的官方媒体会对关于发布会的消息进行大力宣传和预热，制造系列悬念吸引用户眼球。

②此种模式比较新颖，将传统的商业发布会与直播结合起来，抓住了用户的好奇心理。

③给用户提供了互动的渠道，对产品的不断改进和完善更加有利。

该品牌新品发布会的多平台同步直播方式，值得其他品牌借鉴。当然，这也要根据产品的性质而定。但不可否认的是，该品牌的发布会直播取得了巨大的成功，此模式为其带来了更多曝光度和流量。

2. 作秀式直播，掌握方法技巧

"作秀"这个词语，可以分两个层面来解释：一个层面就是单纯地耍宝；另一个层面就是巧妙地加入表演的成分。很多运营者和主播为了避免有作秀的嫌疑，可能会一本正经地直播，这样的直播往往没有什么人看。而有的主播则会利用作秀式直播的模式来取得销售佳绩，当然想要打造好这种模式也是需要技巧的。

运营者和主播想要利用作秀式直播模式获得人气，就需要结合产品发挥出自己的特色，同时又不能把重点倾向于作秀，因此把握尺度是这种模式的核心。

主播直播时不能一上来就讲产品，这样显得太过乏味，而应该先找点用户感兴趣的话题进行讨论，然后慢慢引到产品上来；更不能全程都在讲产品，这样用户会失去继续看直播的动力。比较好的办法就是做出有自己特色的直播。

例如，可以在直播中加入具有特色的桥段，让用户感觉到直播很有新意，就像表演一样给人带来视觉享受。直到直播结束了，还让用户觉得回味无穷，希望这场"秀"继续上演。

3. 颜值式直播，吸引用户注意

在当今的直播运营中，对主播的要求一般都比较低，但要想成为一个知名的主播，门槛还是很高的。那些人气高、频繁登上平台热榜的主播，实际上都是依靠背后的经纪公司或者团队的运作，同时他们也有很高的颜值。

爱美是人之常情，人人都喜欢欣赏美好的事物，所以颜值成为直播营销手段之一也不难理解。但需要注意的是，光有颜值是不够的，要把颜值和情商、智商相结合，这样才能实现颜值式直播的效果。

如何打造一场拥有高颜值主播的直播呢？笔者总结了 3 点，即：邀请颜值较高的网红或明星做主播；主播的服装、妆容造型要靓丽；主播的行为也要很优雅。在直播中，主播的表现与产品的销售业绩是分不开的，用户乐意看到颜值高、情商高的主播，这也是颜值高主播人气就高的原因所在。

例如，某品牌就曾邀请其代言人担任新品发布会的主播，在美拍直播平台上进行了一场人气爆棚的直播。这次直播短时间内就获得了大量观看和点赞。通过这次直播，使本来口碑就很好的品牌又获得了更多的知名度和曝光率，产品的销量也实现了快速上涨。

4. IP 式直播，营销的效果可观

直播营销和 IP 营销是互联网中比较火的营销模式，很多娱乐主播、著名品牌都采用了这两种营销模式，如果将两种模式结合起来，直播的效果会更好。直播营销想要真正地火热起来，并立于不败之地，就需要 IP 的鼎力相助。

当然，IP 也分为很多种，比如一些名人、明星本身就是 IP，那些经久不衰的小说、名著也是 IP，一本经典的人气漫画也是 IP。IP 式直播模式的核心是利用 IP 进行直播营销，主播可以借助名人效应进行吸粉引流，传统的营销模式同样也会邀请名人代言。

随着时代的进步、科技的发展和人们购物心理的变化，传统的营销方式已不再适用。各种营销手段和营销工具源源不断地产生，名人 IP 也成为直播营销不可或缺的宝贵资源。各大主播应该学会借助 IP 来进行直播营销，利用 IP 的热度效应，吸引用户观看直播，从而实现直播营销的效果。IP 式直播模式的吸粉引流效果是不容小觑的，善加利用的话能取得巨大的成效。

从场景入手：打造消费场景，增加信任度

所谓打造消费场景，就是利用场景让产品在用户头脑中形成印象，让用户下次面对该场景时，就想起这件产品。

如图 6-8 所示为某饮品的广告宣传海报。该海报中的广告语就打造了该饮品的消费场景——累了困了就喝。因此，用户感到累或困的时候，就会想起该产品。

图 6-8　某饮品的宣传海报

在直播中，主播可以尽可能地借用场景，特别是生活场景进行营销。例如，游泳或者下雨天都是生活中常见的场景，这时候就可以强调化妆品的防水性，让产品的"不脱妆"效果深入用户的心中，形成消费场景。

从细节入手：注重产品细节，细节决定成败

因为用户购物的选择比较多，所以许多用户会比较关注产品的细节，只有细节达到了自己的要求，他们才会选择进行购买。

对此，主播在直播中要懂得展示产品的细节，通过细节设计来打动用户。

如图 6-9 所示为某女鞋销售直播的相关画面。可以看到，在直播中就是通过在镜头前近距离地展示产品细节来进行产品推荐的。

展示产品的细节，既可以凸显产品的设计特点，让用户看到产品的独特性。也可以显示出主播对于所推荐产品的强大信心。所以，勇于展现产品细节的直播，往往更容易获得用户的信任。

图 6-9　展示产品细节的直播

从包装入手：通过内容包装获得更多曝光

　　直播内容营销终归还是要通过盈利来体现其价值的。因此，直播内容的电商化非常重要，否则难以持久。要实现内容电商化，运营者和主播首先要学会包装内容，给产品带来更多的额外曝光的机会。

　　例如，专注于摄影构图的头条号"手机摄影构图大全"就发布过这样一篇文章：《〈湄公河行动〉人像构图，教你如何拍出高票房！》，在文章中通过将内容与影视明星的某些特点相结合，然后凭借影视的热度来吸引消费者观看直播和购买构图摄影书，这是直播内容营销惯用的手法。

从技术入手：利用创新技术提高展示效果

直播市场可以说是群雄逐鹿的市场，各种垂直化、综合化、功能化的平台都在并行发展。当然，这其中不乏很多技术创新平台，主要包括 VR 技术、AR 技术、360 度全景摄影技术，以及 3D 技术等。接下来笔者就来介绍直播运营中这些技术的应用。

1. VR 技术

虚拟现实（Virtual Reality，VR）这个词是在 20 世纪 80 年代初提出来的，它是一门建立在计算机图形学、计算机仿真技术学和传感技术学等技术基础上的交叉学科。在直播中运用 VR 技术可以生成一种虚拟的情境，这种虚拟的、融合多源信息的三维立体动态情境，能够让用户沉浸其中，就像经历真实的世界一样。

2. AR 技术

增强现实（Augmented Reality，AR）其实是虚拟现实的一个分支，它主要是指把真实的环境和虚拟环境叠加在一起，然后营造出一种现实与虚拟相结合的三维情境。增强现实和虚拟现实类似，也需要通过可穿戴设备来实现情境的生成。更多主播都会将 AR 技术与直播结合起来，以此形成较大的影响力，从而增强自己的市场地位。

3. 全息技术

全息技术主要是利用干涉和衍射原理的一种影像技术，首先通过干涉原理将物体的光波信息记录下来，然后利用衍射原理将这些光波信息展现为真实的三维图像，立体感强、形象逼真，让用户产生真实的视觉效应。无论是什么样的直播，都应该先丰富自身内在，而全息影像等新技术正是一种提升自我的好手段，可以为用户带来更加精致的内容。

4. 3D 立体技术

3D 立体技术主要是将两个影像进行重合，使其产生三维立体效果，用户在观看 3D 直播影像时需要带上立体眼镜，即可产生身临其境的视觉效果。在 3D、VR 等高新技术蓬勃发展的今天，主播可以将这些技术运用在直播中，这也是非常让人期待的。

从 KOL 入手：外部 KOL 合作，内部 KOL 孵化

KOL（Key Opinion Leader）即关键意见领袖。在进行直播产品"种草"时，运营者和主播可以从外部 KOL 合作和内部 KOL 孵化出发，吸引更多用户关注直播。

1. 外部 KOL 合作

外部 KOL 合作需要在品牌用户数量达到一定的规模，拥有一定知名度的时候，引入外部的网红，进行合作。许多大品牌会寻找一些网红、明星进入直播间，进行带货。

品牌的规模越大，所能邀请的网红、明星也就越多，在网红产品的打造上也就越简单。在进行 KOL 引入时，品牌需要进行市场调研，了解哪些类型的 KOL 更合适，并且寻找相匹配的 KOL 名单，之后再准备合作方案，最后联系 KOL 或者网红所在的经纪公司，进行合作。

将 KOL 引入之后，为保证 KOL 的影响力，品牌运营者需要对其进行包装、附能。除此之外，还可以进行热点话题制造，提高 KOL 的影响力。

2. 内部 KOL 孵化

内部 KOL 孵化相对更适合店铺直播的前期阶段，进行内部孵化。内部孵化需要品牌自己进行计划培训，提高和加强主播的带货能力。许多大品牌也会采取内部 KOL 孵化的形式进行直播带货。

内部 KOL 孵化相对于外部 KOL 合作来说，成本较少，在品牌发展前期，可能资金不是特别充裕，所以内部 KOL 孵化更适合。

要进行直播带货，内部 KOL 孵化前期需要进行流量的积累，因此在直播带货时需要注意几个问题。首先，尽量选择竞争力较小的时间点进行直播。其次，在主播的选择上，可以选择专业能力强的素人。例如，之前有过产品销售相关经验的，许多品牌的内部 KOL 孵化人员都是在品牌内部人员中进行选择的。

这样的主播对于该品牌的产品有一定的了解，可以更好地进行直播"种草"。另外，品牌运营者可以邀请在长相上有优势的人员参与直播，利用其颜值进行"种草"。在许多直播间中，可以在直播评论中看到用户对于这些主播的喜爱，并且在主播没有参加直播的时候，还会进行询问。

第 7 章

内容营销：
8 个技巧提高产品转化率

学前提示　　　直播运营中有两个关键点，一个是培养高素质的带货主播，另一个是做好内容营销。主播的培养第 2 章已经进行了详细说明，本章笔者就来为读者讲解能够有效提高产品转化率的 8 个内容营销技巧。

要点展示

· 了解用户需求：你能给用户带来什么价值

· 做好用户定价：根据不同用户制定收费策略

· 建立合作团队：提高直播内容质量和播放量

· 策划活动方案：确保直播活动可以有序进行

· 全面了解产品信息：提炼卖点为直播做好准备

· 解决用户后顾之忧：让用户相信你推荐的产品

· 打造痒点：满足虚拟自我，实现用户的梦想

· 提供爽点：即时满足用户，这种感觉就是爽

了解用户需求：你能给用户带来什么价值

TIPS 057

通常来说，只有能给用户带来价值的直播，才会获得大量用户的关注。所以，在直播运营过程中，运营者和主播需要满足用户的需求，打造对用户有价值的直播间。具体来说，进入直播间的用户主要有 3 种需求，即陪伴需求、信息需求和产品需求。运营者和主播可以针对用户的需求打造主播内容，提升直播的价值。

1. 陪伴需求

有的用户是在百无聊赖的情况下才看直播的，对这部分用户来说，能够满足陪伴需求的直播才是他们真正需要的。对此，运营者和主播可以在直播过程中加强与用户的互动，查看并及时回复用户的评论，让用户觉得自己被重视。

2. 信息需求

有的用户之所以观看直播，是希望从直播中获取一定的信息，或者学到一些知识。对此，运营者和主播可以在直播前收集与直播相关的新消息，然后通过直播将这些新消息传达给用户。或者针对某一方面的内容或产品策划一场直播，将相关知识传授给用户。

3. 产品需求

观看电商直播的用户中，有很大一部分是有产品购买需求的。对于运营者和主播来说，直播的主要任务就是为用户推荐合适的产品，从而引导用户在直播间下单，将流量转化为销量。

当然，对用户来说，能够满足其需求的产品有很多，如果运营者和主播不能给出一个有说服力的理由，那么，用户可能也不会购买运营者和主播推荐的产品。因此，在直播过程中，运营者和主播要对产品进行展示，并讲解产品的优势，让用户看到产品的价值。

做好用户定价：根据不同用户制定收费策略

TIPS 058

在市场逐步扩大之后，运营者和主播需要思考直播产品的定价和直播内容的收费标准。对此，运营者和主播可以根据用户的类别指定收费策略。例如，地区政府、大客户和普通客户代表的群体不同，在收费时也体现出差异性。如图 7-1 所示为差异性收费的参考方案。

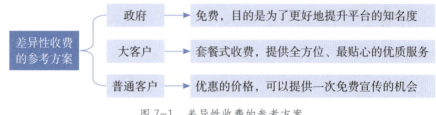

图 7-1　差异性收费的参考方案

建立合作团队：提高直播内容质量和播放量

正所谓"众人拾柴火焰高"，在直播越来越普及的情况下，合作联盟的成立，在一定程度上能够帮助个人提高竞争力。在自媒体行业之间，也可以进行合作，每家自媒体都具有各自的优势，我们要做的就是利用优势进行合作，一起优化直播内容和质量，增加直播的播放量。具体来说，运营者和主播在建立合作团队时，要重点做好两个方面的工作。

1. 合作团体的选择

在选择直播合作团体时，运营者和主播需要遵从 4 个原则，如图 7-2 所示。

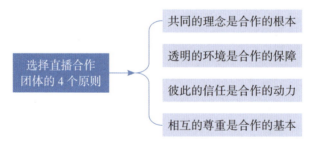

图 7-2　选择直播合作团体的 4 个原则

2. 合作策略的制定

选择好的合作团队之后，运营者和主播还需要制定合作策略，包含产品策略、价格策略和渠道策略等。制定合作策略之后，直播的相关人员便可以根据策略进行准备，以确保直播的有序进行。

策划活动方案：确保直播活动可以有序进行

为了使整场直播更好地进行，运营者和主播往往需要制订出清晰而明确的活动策划方案。这样能够便于相关工作人员对活动方案有一个明确的认知，从而更好地判断活动方案的可操作性。运营者需要让所有参与直播的工作人员都清楚地了解活动策划要点、类型，以及产品的卖点和直播间的节奏，从而确保直播可以有序地进行。

1. 活动策划要点

脚本策划人员在制作脚本时，可以考虑一次制作完一周的直播间脚本策划。这样做便于主播、工作人员安排时间，同时也能使一周的直播任务上下衔接清楚。如果临时做脚本策划，很多事情可能没有办法考虑周全。

除此之外，策划人员在做直播脚本的时候，可以把活动策划的要点细分到主播在直播间的每个时间段，这样可以让主播更好地把握整场直播的节奏。

2. 活动策划类型

活动策划的类型有两种。

（1）通用、基础活动

这种活动的力度属于中等程度，常见的活动形式包括新人关注礼物、抢红包、开播福利和下播福利等。如图 7-3 所示为直播间设置的新人关注礼物。

图 7-3　新人关注专项礼物

在直播中，不同的时间段有什么通用活动，都需要在脚本中明确好，这样主播才能在直播带货时从容地对用户进行引导，增加用户的停留时间，从而提高直播间的流量和销量。

（2）专项活动

这种活动的力度比较大，可以设置成定期活动，比如，主播固定进行每周一秒杀、周二拍卖等，或其他类型的主题活动。

这种大力度的活动不要求每天都进行，但活动力度一定要大，这样才可以快速获得大量用户的关注，提高产品的销量。同时，由于这种活动的吸引力度很大，可以促使用户记住直播间。

3. 产品卖点和直播间的节奏

直播间的商品可以分为爆款、新品、常规款和清仓款这几种类型。主播需要对不同类型的商品进行卖点提炼，同时要在直播脚本上安排固定的时间段来进行产品推荐和展示。

如果进行服装类产品的带货，主播需要不断地补充相关的服装知识，因为服装流行的款式和风格一直在不断更改、变化。如果主播在开播前不熟悉直播间的流程和产品信息，那么在直播过程中很容易出现冷场，而直播的节奏也将变得难以把握。

全面了解产品信息：提炼卖点为直播做好准备

在直播之前，运营者和主播必须全面了解产品的信息，这样可以更好地提炼产品的卖点。具体来说，运营者和主播需要了解5 类产品信息，并提炼卖点。

1. 产品风格

以服装直播带货为例，主播可以先了解产品的风格，然后根据款式的风格，设计出一些新颖的宣传词，从而吸引用户的注意力。

例如，麻混纺衬衫式连衣裙既可以作为外套披搭，也适合打造清爽舒适的日常穿搭；棉麻混纺半开领上衣，斯文、休闲两相宜，是一种很好做搭配的半开领上衣。合适和恰当的宣传词可以激发用户的好奇心，让用户向往宣传词中营造的服装效果，从而促使用户下单购买产品。

2. 产品质量

产品质量是影响用户满意度的重要因素。大部分人在选择购买产品时，都会考虑产品的质量。对于大多数人来说，质量的好坏与否，决定了他（她）是否下单，以及是否愿意再次购买。

流水线生产模式的大规模发展运行，会使产品的质量无法得到百分百的保证，导致部分商品的质量欠佳。例如，部分服饰会出现褪色、起球等影响服装穿着效果及穿着时长的问题；化妆品会出现假冒产品、损伤皮肤和含有添加剂等问题，这使得用户对于产品的质量问题特别关注。

同时，随着社会的不断发展，人们的经济收入增多、消费能力增强和消费需求发生变化，使越来越多的人开始追求产品的质感。

例如，对于服装，用户除了关注其实用性和耐用性，还会考虑服装能不能让自己穿得自在和舒适。为此，很多服装品牌和商家在展现产品的卖点时，会注重对产品的质量进行展示。

所以，当主播对产品的质量足够自信时，可以尽情地向用户展示服装的质量情况。例如，这款衬衫可以体现穿着者的优雅气质，而且衬衫不易起皱，不用费时打理；这款裙子质地轻薄，非常轻盈，特意搭配内衬，不易走光。

3. 原创设计

知名设计师所设计的产品，每一次面世都能吸引大家的目光。对于用户来说，知名设计师设计的产品，在一定程度上代表着流行、经典和出色。除此之外，也代表着设计师的一种人生态度和人生经历。

用户出于对设计师个人的崇拜、追随及信任，往往会去购买，甚至去抢购设计师设计的产品。所以，如果某款产品是原创款，或者是设计师同款，主播就可以重点突出其原创性。

4. 消费人群

不同的消费人群对于服装的关注、需求点不同，运营者和主播在面对这种情况时，就需要有针对性地突出服装的卖点，从而满足不同用户群体的需求。

例如，关于裙装，对于成人服装款式来说，需要在卖点上突出服装的美观性、多功能性；而对于童装，它的设计和风格就要突出可爱的特点，在卖点的宣传上会偏向于服装的实用性和舒适性。

5. 出色细节

如果产品的某个细节设计比较出色，主播在进行直播销售时，可以对该细节进行重点展示。这种细节往往可以吸引消费者的目光，打动消费者的心，使他们产生购买欲望。

以服装类产品为例，由于服装穿在身上，很难把细节特色展现出来，这时就可以通过图片展示产品的细节。这能让用户看到产品的特色和新颖感，同时让追求细节的用户看到出色的细节设计。

另外，如果主播发现服装的某个设计特别好，想要将其展现给屏幕前的用户，吸引她们的注意力，或者有用户提出，想看主播身上服装的某个细节部位，这时，为了激发用户的购买欲望，解决用户提出的需求，主播就可以采取直接靠近镜头的方式，把服装的特色设计展现出来，以此形成卖点。

TIPS 062 解决用户后顾之忧：让用户相信你推荐的产品

主播要想让用户爽快地下单，就有必要解决用户的后顾之忧。

现在很多商家为了提高产品的销量，往往会向消费者表示这款产品在一定的时间期限内是可以免费退换的，以此解决用户收到产品后不满意的担忧。

现在，很多直播间都会在直播界面内标明产品的售后处理情况，让进入直播间的用户可以没有后顾之忧地进行购买。如图 7-4 所示为标明产品"7 天无理由退货"的直播间。

图 7-4　直播间的退换货处理信息

这种策略可以在一定程度上表明主播对于自己推荐的产品有着足够的信心。同时，采取免费退换的承诺，也是建立用户信任感的有效策略，让用户产生即使收到的产品款式、风格自己不喜欢，也不会有任何经济损失的感觉，进而使用户更放心地购买产品。

当用户对产品产生兴趣，有进一步了解产品的欲望时，运营者和主播需要和用户建立起信任，并借助这份信任更好地引导用户。这可以在一定程度上避免运营者和主播推荐的产品特别好，特别适合用户，但是用户却选择其他渠道下单的情况。

如果运营者和主播推荐的产品是用户需要的，但用户却从别人那里购买了产品，那么就相当于是为他人做了嫁衣，自己付出了努力，产生的效益却在别家。为了避免出现这种情况，运营者和主播就需要和用户培养信任感，让用户感觉安心、放心，一旦和用户的信任感建立成功，用户自然会更愿意购买主播推荐的产品。

但是，用户的信任感并不是立马就能建立起来的，它需要经过一段时间的了解、观察和互动才能慢慢确定。在此过程中，运营者和主播需要做很多工作。

例如，主播要结合一定的话术展示产品并凸显产品的品质，让用户觉得你推荐的产品值得购买；也要通过专业的介绍，树立自身专业的形象，让用户觉得主播是值得信赖的；还要通过话术把产品的售后等问题说清楚，让用户觉得购买的产品是有保障的。

例如，在某直播间，主播在展示产品时，为了对鞋子的品质进行说明，不仅结合话术对鞋子的外观进行了全面的展示，还对鞋子进行了弯曲，甚至是折叠。这样做就会给用户鞋子质量很好的感觉，随便怎么折腾都不会坏。这样一来，用户便会基于对鞋子质量的信任而下单购买了。

打造痒点：满足虚拟自我，实现用户的梦想

打造痒点，需要主播在推销服装时，帮助用户营造美好的梦想，也就是帮助用户实现原本很难实现的梦想，满足用户内心的渴望。

为用户营造美好的梦想，一直是很多商家、企业的营销手段。例如，当商家推销化妆品时，会强调用户只要使用这款化妆品，就可以变得更加美丽；当商家推销一款减肥茶时，会帮助用户想象自己瘦身成功后的苗条身材。

正是通过帮用户营造出美好的梦想，使用户产生实现梦想的欲望和行动力，

极大地刺激用户的消费心理，才会促使用户产生下单购买产品的行为。对于很多直播主播来说，向用户展示的不是产品，而是一种美好的愿望。

只要为用户打造痒点，主播在推荐产品时，就能获得较好的效果。以服装类产品为例，直播主播可以通过重点打造 3 个痒点，引导用户下单，具体如下。

1. 服装产品痒点一：不同的体型要怎么穿搭才好看

每个用户都希望自己穿的衣服能够展示自己的良好形象，但是在现实生活中，不是每个人的身材都像模特的身材一样，怎么穿都好看。所以，大部分用户希望能通过服装的搭配，来树立起自己在他人眼里的良好形象。

对于这些用户来说，他们有一个强烈的痒点，就是使自己的形象得到进一步的美化。由于用户的体型各有不同，主播需要学会根据不同用户的体型，通过话术为不同的用户推荐合适的服装款式和风格。下面笔者就来介绍 4 种体型（香蕉型、苹果型、梨型和沙漏型）的特征，从而帮助主播为不同体型的用户推荐服装。

（1）香蕉型身材

香蕉型身材的主要特征是身材比较骨感、扁平，身材缺乏曲线。主播在为这类身材的用户推荐服装时，可以让用户选择宽松的上衣和裤装；或者穿百褶裙、叠穿衣服等来突出腰线。如图 7-5 所示为适合推荐给香蕉型身材用户的服装款式。

图 7-5　适合推荐给香蕉型身材用户的服装款式

（2）苹果型身材

苹果型身材的特征是上半身胖，下半身瘦，具体表现为：肩宽，腰间有赘肉，腿部则比较纤细，给人一种头重脚轻的感觉。主播在为这类身材的用户推荐服装时，可以让用户选穿 V 领、造型简洁的上衣，裤装选阔腿裤款型。另外，服装不要做累赘设计，如蕾丝花边等。如图 7-6 所示为适合推荐给苹果型身材用户的服装款式。

图 7-6　适合推荐给苹果型身材用户的服装款式

（3）梨型身材

梨型身材的特点是肩臀比例不一致，臀部比肩部宽，大腿比较丰满，有腰线。主播在为这类身材的用户推荐服装时，可以着重增加肩部的宽度，下半身的服装款式应该简洁。例如，主播可以推荐及臀的中长外套、A 字裙装等。如图 7-7 所示为适合推荐给梨型身材用户的服装款式。

图 7-7　适合推荐给梨型身材用户的服装款式

（4）沙漏型身材

沙漏型身材的特点是腰肢纤细、前凸后翘，这是一种比较完美的身材。主播在为这类身材的用户推荐服装时，可以顺应身材曲线，突出腰线。通常来说，拥有这类身材的用户可以选择凸显身材优势的服装，尽量避免穿宽松、有膨胀感的上衣。如图 7-8 所示为适合推荐给沙漏型身材用户的服装款式。

图 7-8　适合推荐给沙漏型身材用户的服装款式

2. 服装产品痒点二：怎样用衣服修饰身材的缺点

对于大部分想购买服装的用户来说，怎么利用衣服来修饰自己身材的不完美，是非常关键的一点。

面对这种情况，主播可以在介绍、推荐服装时，着重强调服装的修饰作用。让用户认为只要穿上了这款服装，就可以修饰自身身材的不完美，从而可以隐藏自身身材的不足，美化自身的形象。

图 7-9　阔腿裤和深色上衣

例如，对于腿部比较胖的粉丝，如何让自己不显腿胖，就是她们的痒点。这时主播就可以重点推荐一些裙装、阔腿裤给用户。如果粉丝的手臂粗，就可以推荐袖部花色少、颜色深的上衣，如图 7-9 所示。

3. 服装产品痒点三：从产品入手帮消费者树立自信

主播在打造痒点时，可以从服装改变人物形象、气质等方面上入手。当向用户推荐产品时，强调服装可以改变用户的形象，帮助用户树立自信心。

众所周知，现在社会的人们对于服装的要求越来越高，服装所能代表的信息也越来越多。在电视剧里，我们常常可以看见平凡的女生，换上一套美丽又漂亮的衣服后，整个人的形象和气质顿时发生了翻天覆地的变化，让人眼前一亮。

其实，在直播中，主播也可以采用这种方法，通过前后两套服装的对比，来突出主播要推荐的服装的上身效果，从而帮用户树立信心，让用户觉得自己穿上主播推荐的服装也能变得很好看。

如图 7-10 所示为采取该方法为用户树立信心的直播。大家可以看到，主播穿上右侧的服装之后，整体的美感要比左侧好得多。这样用户在看到前后对比之后，就会觉得只要自己选对了服饰，或者说选择主播推荐的服饰，也能变得更加好看。这样一来，主播便通过产品帮用户树立起了信心。

图 7-10　通过着装的前后对比帮用户树立信心

提供爽点：即时满足用户，这种感觉就是爽

TIPS•
064

"爽点"是指能够满足用户某个方面的需求，让用户感觉到舒服和满足的点。当用户觉得不爽的事情被及时解决时，用户自然更容易得到满足。就像当人口渴的时候，给他一杯水，他就会有被满足的爽快愉悦之感。

对于运营者和主播来说，想要成功让产品销售出去，就需要站在用户角度来思考产品的价值，这是因为用户作为一个信息接收者，很难直接发现产品的价值。这种情况下，就需要运营者和主播主动去帮助用户发现产品的价值，让自己的产品为用户提供一个爽点。

那么，如何满足用户的需求，更好地为用户提供爽点呢？笔者认为，运营者和主播可以重点做好如下 5 个方面的工作。

1. 寻找爽点：给用户带来足够深刻的第一印象

对于主播来说，当用户第一次进入直播间时，就会通过观看直播来判断你所展示的产品能否满足他们的需求。当用户通过观看直播发现了自己的需求，意识到主播所提供的信息对于自己来说是有价值、有用的那一刻，用户就会有被提供爽点的需求。

很多时候，能否满足用户的爽点，决定了用户是否愿意继续停留在直播间中。当用户认为你的直播间能够提供爽点时，用户就会对你的直播间留下深刻的第一印象。这种深刻的第一印象，可以促使用户下一次还愿意进入你的直播间。

2. 观察数据：找出能转化关键用户的行为指标

主播可以通过观察直播间的数据，找到核心用户群体，从而帮助用户找到她们想要的"爽点"。

那么，主播要如何观察直播间的数据呢？首先，主播可以看看在直播过程中，进来观看的用户是否点击了"关注"选项。这个行为就是用户能否转化为粉丝和核心用户群体的一个行动指标。如果用户点击了"关注"选项，就表示他还愿意看到主播的直播动态推送，之后很可能就会成为直播间的留存用户。然后，主播就可以统计、分析留存用户的行为，根据这些行为，为用户提供爽点。

例如，一些用户在下单前，不知道如何选择适合自己的尺码，于是她们会在屏幕上或者粉丝群里发问。面对这种行为，主播只需在直播界面里列出服装尺码图，即可解决用户的问题，满足用户的需求。

3. 用户反馈：参考用户反馈验证数据中的结论

当主播通过观察数据，得出用户的一些行为指标后，可以找到活跃用户或者留存用户，进一步根据自己从数据中得出的结论，来验证它是否符合实际情况，进行信息反馈。这样，当数据显示出某些用户行为跟留存度之间存在的关联时，就可以通过这些粉丝的行为来了解、得出关联的原因。

一个产品和服务的反馈渠道也应该是多种多样的，只有收集多方面的信息，才能够在直播过程中，帮助主播更好地做好相关的工作。同时，也可以根据反馈信息进一步提升自己的销售技巧，让自己的直播间具备较强的市场竞争力。

如果用户经常点击直播间的"宝贝回放"功能，有可能表明，在主播介绍这款服装时，用户没有得到自己想要了解的信息，那么主播就可以酌情考虑是否在介绍服装基本信息时，语速放慢一点，或者将展示时间放长一点。

此外，主播还可以通过用户反馈得到许多其他细节。比如，主播在介绍服装时，哪种服装风格让用户的下单购买率高？哪些服装款式无法吸引用户下单？

4.流失用户：找出直播用户流失的具体原因

主播可以对留存用户的行为进行分析，从而帮助用户得到想要的爽点。另一方面，主播也可以去了解一下那些流失用户的情况。

为什么进入同一个直播间，有些用户成为了主播的粉丝，有些用户却选择离开？为什么有些用户原本是主播的粉丝，到后面又成为了流失用户？找到用户流失的具体原因，主播才能有针对性地去解决、改善，从而可以更好地吸引和留住用户，避免更多用户的流失。

5.触达方式：利用爽点触达更多的用户群体

当主播找到用户的爽点之后，可以采取多种渠道，利用已经找到的爽点触达更多的用户群体，以此吸引更多的粉丝。除此之外，也可以在不同的消费群体扩大主播自身的影响力。

每个用户的需求不同，有些用户在直播间会选用从头看到尾这种方式来挑选自己需要的服装；而有些用户则是带着目的进入直播间的，他们不会有时间或者耐心去观看整场直播。

针对这两类用户的情况，主播需要采取不同的引导方式。以淘宝直播为例，对于第一类用户，主播只需根据策划进行产品推荐即可。而对于第二类用户，主播则需要用好直播的"快速看回放宝贝讲解"功能，将爽点快速提供给用户。

第 **8** 章

带货卖货：
9 个技巧提高产品成交率

学前提示

电商直播的主要目的就是通过带货卖货来获得收益。可以说，带货卖货的技巧与直播的收益直接相关。因此，这一章笔者就来为大家介绍 9 个直播带货卖货技巧，帮助大家提高产品成交率，获得更多的收益。

要点展示

· 直播带货优势，让观众欲罢不能
· 掌握基本流程，建立个人品牌
· 直播只是手段，带货才是关键
· 选择优质货源，持续链接到粉丝
· 直播带货五步法，提高成交概率
· 学会利用卖点，提高产品的销量
· 展示用户体验，树立产品的口碑
· 增加增值内容，增强用户获得感
· 直播卖货技巧，打造高转化率直播

直播带货优势，让观众欲罢不能

　　直播是一种动态的观看过程，与传统的电商相比，电商直播可以在直播时呈现产品，更有利于展示产品使用的细节，帮助用户更好地了解产品的功能和特点，实现产品的价值交换。具体来说，直播带货主要有 3 个方面的优势，具体如下。

1. 增强用户的购买欲望

　　传统的电商购物，人们会先通过目录进行检索，再查看图片及文字描述，决定是否购买。这种方式存在一些缺陷，如目录检索范围太空泛、图片展示存在局限性和文字描述存在片面性等。相比之下，直播带货则更加直观，这主要体现在 4 个方面，如图 8-1 所示。

```
直播带货的
直观性体现
```
┌───┐
│ 直播封面会展示一些直播带货的产品，使产品信息更加 │
│ 具体   │
├───┤
│ 在直播过程中，主播会对产品的使用进行展示，并且在直 │
│ 播中会展示产品特写，让用户观察到产品的细节   │
├───┤
│ 用户在主播直播时，只需使用手机就能观看，不需要用户 │
│ 亲自到店内查看，这可以为用户节省时间和精力   │
├───┤
│ 直播的时间通常只有一两个小时，用户决策时间短，加上 │
│ 在直播中主播通常会给出一些福利，能促使用户及时消费 │
└───┘

图 8-1　直播带货的直观性体现

　　除此之外，直播带货通常是主播在进行销售，相较于传统的店家来说，主播让用户更能感觉到亲切感。并且，主播在直播之前还会做足功课，事先了解产品的特点和优势，在直播中用户只需听主播讲解就可以了。这样可以替用户节省调查、了解产品的时间及精力。

2. 提高直播中产品的销量

　　直播带货的互动性可以让用户边看边买。同时，直播带货是一对多的营销模式，可以为商家节省人力成本。其他用户的提问也可以为用户提供参考，避免遗漏，让用户充分了解产品的性能和特性。

　　在直播互动中，其他人的言语也会影响用户的购买，尤其是在抢购产品时，许多用户会产生从众心理，一部分用户购买产品会带动其他用户参与抢购，而在这种情况下，产品的销量自然就增加了。

3.增强用户的信任程度

因为在直播中通常都会有主播对产品进行讲解，并展示产品的外观和使用效果等。所以，用户便可以通过直播比较直观地亲眼看到产品的相关情况。在这种情况下，用户对于展示在直播中的产品自然会多一份信任。

掌握基本流程，建立个人品牌

现在，各行业中的品牌层出不穷，行业竞争也越发激烈，如果想在行业中获得持续发展，想让自己的品牌脱颖而出，建立一个自己的品牌就显得非常重要了。如何建立一个好品牌呢？笔者认为需要做好如下 3 个方面的工作。

1.市场调研充分，确保市场需求

由于产品的流动基本取决于市场机制，所以我们创立品牌的第一步就是进行充分的市场调研。确定品牌的定位和后续的发展方向，都必须依靠市场的秩序和需求，没有根据市场需求创建的品牌，很容易出现市场上同类产品已经爆满或者供过于求的情况，这样风险非常大，很容易导致创业失败。

另外，由于不同城市、地区的经济发展不一样，我们需要根据产品面对的用户群体选择合适的调研地点。具体的市场调研可从 3 个方面展开，如图 8-2 所示。

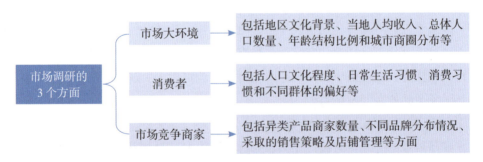

图 8-2　市场调研的 3 个方面

2.明确品牌定位，精准顾客需求

另外，用户对产品的多样化需求，也在不断地影响着产品的发展方向，这导致大家对产品的要求也越来越细致、垂直。因此，想要让自己的品牌能够脱颖而出，非常关键的一步就是品牌的定位，让产品符合目标用户群体的需求。那么，如何对品牌进行定位呢？大家可以从 3 个方面来进行排查、筛选和分析，如图 8-3 所示。

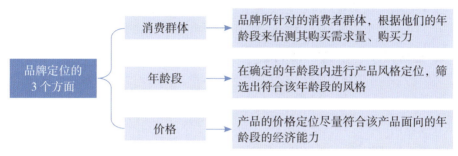

图 8-3　品牌定位的 3 个方面

3. 建立组织架构，保障公司发展

明确了品牌的定位后，还需要稳定的后备支援，因此就应该考虑企业的运营与发展，这就需要建立一套完善、合理和规范的企业组织架构。按照现今大方向的公司职能，可以为公司架构 4 个职能系统，如图 8-4 所示。

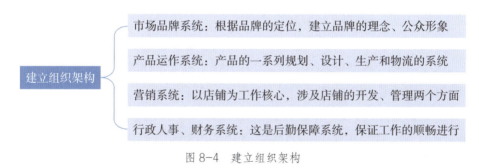

图 8-4　建立组织架构

直播只是手段，带货才是关键

对于运营者和主播来说，直播只是一种销售手段，通过直播带货才是关键。那么，主播要如何通过直播来带货呢？接下来笔者就来介绍一些技巧。

1. 放大优势，便于用户记忆

放大优势，其实就是在直播带货过程中，既要抓住产品的特点，又要抓住当下的热点，这样将两者相结合才能产生更好的营销效果，打造出传播广泛的直播。

例如，综艺节目《青春有你》热播时，各大商家紧紧抓住相关热点，再结合自家产品的特点进行了别具特色的直播。

如果直播时能够将产品特色与时下热点相结合，就能让用户既对你的直播痴迷无比，又能使用户被你的产品吸引，从而产生购买的欲望。

2. 策划段子，围绕产品特点

"段子"本身是相声表演中的一个艺术术语。随着时代的变化，它的含义不断被拓展，也多了一些"红段子""冷段子""黑段子"的独特内涵，近几年频繁活跃在互联网的各大社交平台上。

主播在进行直播时也可以策划幽默段子，将带货的过程变得更加有趣。幽默段子作为受人们欢迎的搞笑方式之一，得到了广泛的传播和发扬。微博、综艺节目和朋友圈里将幽默段子运用得出神入化的人比比皆是，这样的搞笑方式也赢得了众多用户的追捧。

例如，在有着"央视段子手"之称的某位主持人与"口红一哥"共同为武汉带货的直播间，就运用了此方法。在这场直播中，朱 × 权讲了许多段子，例如"我命由你们不由天，我就属于 ×× 直播间。"

"烟笼寒水月笼沙，不止东湖与樱花，门前风景雨来佳，还有莲藕鱼糕玉露茶，凤爪藕带热干面，米酒香菇小龙虾，守住金莲不自夸，赶紧下单买回家，买它买它就买它，热干面和小龙虾。"

"奇变偶（藕）不变，快快送给心上人。""人间唢呐，一级准备，OMG，不是我一惊一乍，真的又香又辣，好吃到死掉的热干面令人不能作罢，舌头都要被融化，赶紧拢一拢你蓬松的头发，买它、买它、就买它，运气好到爆炸，不光买到了，还有赠品礼包这么大，为了湖北我也是拼了，天哪！"等。

当主播在直播间中讲述幽默段子时，直播间的用户通常会比较活跃。很多用户都会在评论区留言，更多的用户会因为主播的段子比较有趣而留下来继续观看直播。因此，如果主播能围绕产品特点多策划一些段子，那么直播内容就会更吸引用户。在这种情况下，直播间获得的流量和销量也将随之增加。

3. 场景植入，恰当地露出品牌

在直播营销中，想要不露痕迹地推销产品，不让用户太反感，简单有效的布局方法就是将产品融入场景。这种场景营销类似于植入式广告，其目的在于营销，方法可多种多样。具体来说，将产品融入场景的技巧如图 8-5 所示。

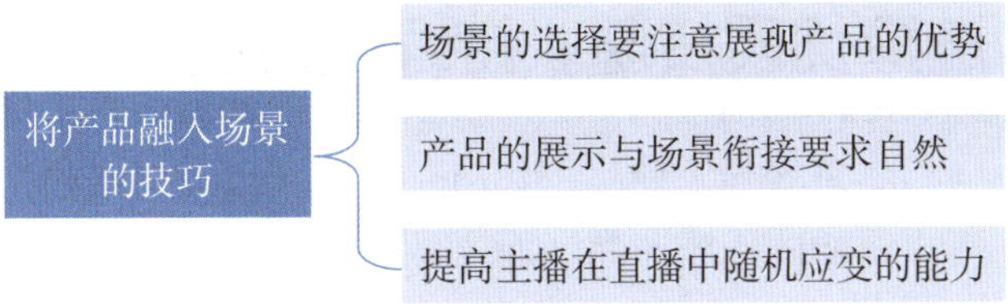

图 8-5　将产品融入场景的技巧

例如，某直播间销售的其中一款产品是硅胶鞋套，主播为了更好地展示该鞋套，便播放了一条短视频。短视频中不仅展示了下雨天穿上鞋套，鞋子不会湿的场景，还展示了清理该鞋套的场景——用水淋一下就干净了。

因此，当用户看到直播中展示的产品使用场景之后，就会觉得该产品不仅实用，而且清理起来也非常方便。这样一来，观看直播的用户就会更愿意购买该款鞋套，鞋套的销量自然也就增加了。

4. 福利诱导，给用户大惊喜

想让用户在观看直播时快速下单，运用送福利的方式能起到很好的效果。这可以很好地抓住用户偏好优惠福利的心理，从而"诱导"用户购买产品。

例如，某店铺进行了一场标题为"春夏新款一折抢"的直播。主播为了更好地吸引用户购买产品，发出各种福利，比如打折、送福袋和秒杀等。

在直播中，主播以"福利"为主题，使出浑身解数进行促销。首先是全面为用户介绍产品的优势；其次是主题上标明"品牌""一折"的关键字眼，引起用户的注意；最后是直接在直播中赠送超值礼包。通过这些努力，观看直播的用户越来越多，流量也不断转化为销量。

5. 通过对比，展示产品优势

有一句话说得好："没有对比，就没有差距。"如果主播在短视频和直播中能够将同款产品（或者相同功效的产品）进行对比，那么用户就能直观地把握产品之间的差距，更好地看到你推荐的产品的优势。

当然，有的主播可能觉得将自己的产品和他人的产品进行对比，有踩低他人产品的意味，可能会得罪人。此时，可以转换一下思路，用自己的新款产品和旧款，或者将新推出的多款产品进行对比。这不仅可以让多款产品都得到展示，而且只要话术使用得当，多款产品的优势都可以得到凸显。

选择优质货源，持续链接到粉丝

运营者和主播要想让用户持续在直播中购买产品，就要提供用户需要的优质产品。而要做到这一点，运营者和主播就必须保证自己选择的货源是优质的。那么，如何选择优质的货源呢？笔者认为，运营者和主播在选择货源时可以重点从如下两个方面进行分析。

1. 产品的用户分析

主播在进行直播带货前，首先要学会对产品进行基本情况的分析，确保货源的质量，并在了解产品的用户群体的基础上进行下一步行动。这样可以保证主播在后续的销售工作中，能够获得更可观的经济收入。除此之外，只有找到产品的用户群体，才可以对用户进行系统、详细的分析，从而有针对性地进行直播带货。

只有通过有针对性地对用户群体进行产品的介绍、推销工作，才能切中用户的需求，让用户产生购买行为，从而提高产品的成交率。主播要了解用户的年龄等个人情况，从而判断出她们的关注点，分析她们的购物心理。这样在选择货源时，就会有侧重点。

不同的用户，有着不同的信息关注点。观看直播的用户，性别、年龄和需求点都可能存在不同之处，他们对于产品的关注重心自然也会不一样。同样一件产品，对于年轻女性来说，可能会看重它的美观性、精致感，而对于年纪较大的女性来说，更加关注的是产品的实用性。

2. 产品的特点分析

如何提高粉丝的黏性一直是运营者和主播都非常关心的一点。在直播平台上，有无数直播间可供用户去点击观看。同理，直播间的用户一样拥有着绝对的选择权和去留权。

那么，运营者和主播要如何吸引粉丝，提高粉丝黏性呢？笔者认为，学会做好自主选品很关键。因为只有产品选得合适恰当，用户才愿意在直播间下单。

对于选品，如何树立起选品思路是关键。只有树立起好的选品思路，才能让自己更加便捷、快速地进行产品的选择，同时，还能保证选择的产品有一定的消费市场。下面笔者就来为读者介绍 3 条带货选品的思路，让读者更好地对产品的特点进行分析。

（1）在普通产品中找突出、有特色的产品

从普通产品里找出特色产品，就是找出比普通产品更加有特色的产品。例如，牙刷是非常普通的日常生活用品，没有什么特别之处，也找不出什么特别的花样。但是现在，它也可以以新的模样出现在大众的选择中。电动牙刷就是其中一种改变，只需充电，就能通过快速震动或者旋转帮助用户自动刷牙，不仅清理得更干净，还能为用户进行口腔按摩。

（2）寻找有特定用途的产品

有特定用途的产品通常是有明确的用途的，用户在购买这种产品时，会注重它的功能性。比如，塑型内衣有起到保持身材的作用，这就是一种有特定用途的产品。

（3）了解产品本身的利润情况

对于商家和主播来说，直播带货必然涉及产品的利润。主播进行直播，就是希望提供较大的经济价值。在选品方面，如果不根据产品的利润情况进行分析很容易出现主播付出了极大的精力去卖货，结果利润微薄，甚至需要倒贴的情况。那么，这款产品即使再适合自己的粉丝群体，也需要慎重考虑。

直播带货五步法，提高成交概率

也许很多人还是不了解如何提高直播带货的成交率，所以接下来笔者主要介绍直播带货的 5 个步骤，帮助新人主播更好地提高成交率。

1. 取得用户的信任并拉近距离

在直播带货中，为主播提供产品的商家有许多，为什么用户会选择在你的直播间购买产品呢？那是因为信任，所以在直播带货的沟通中，主播重点需要建立与用户之间的信任。主播可以从以下几点提高用户的信任度。

（1）维持老客户的复购率

经营服务好老客户，给予优惠福利，调动这部分用户的购买积极性，借助老客户来挖掘更多潜在的客户。

（2）提供详细、全面的产品信息

在直播中，如果主播介绍得不够详细、全面，用户可能会因为对产品了解不够而放弃下单。所以在直播带货的过程中，主播要从用户的角度出发对产品进行全面、详细的介绍，必要时可以利用认知对比原理，将自身产品与其他店家的产品进行比较。例如，在包包销售直播中，可以将正品与市场上的水货进行比较，向用户展示自身产品的优势，让用户在对比中提高对产品的认知。

（3）提供可靠的交易环境

在直播交易中，商家提供的交易方式也会影响用户的信任度。一个安全、可靠的交易平台会让用户在购买时更放心，所以运营者和主播需要向用户确保在直播间进行的交易是安全、可靠的，不会出现欺诈、信息泄露等情况。

（4）进行有效的交流沟通

在直播时，主播应该认真倾听用户的提问，并进行有效的交流和解答。如果在沟通过程中，用户对产品的提问被主播忽视了，用户就会产生不被尊重的感觉。所以在进行直播带货时，主播需要给予用户适当的回应，表示对用户的尊重。对此，运营者和主播可以专门任用小助手负责直播答疑。主播可以任用多名小助手进行分工合作，这样更有利于直播间的有序管理。

（5）建立完善的售后服务

完善的售后服务可以为企业建立更好的口碑，同时也是影响用户信任度的因素。用户购买完产品后，可能会遇到一些问题，作为商家代表的运营者和主播应该及时处理，避免影响用户的购物体验和信任度。

2. 塑造产品的价值和亮点优势

决定用户购买产品的因素，除了信任，还有产品的价值。在马克思的理论中，产品具有使用价值和价值，如图 8-6 所示。

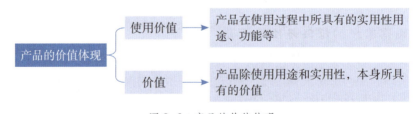

图 8-6　产品的价值体现

产品的价值塑造可分为两个阶段，一为基础价值，即产品的选材、外形、功能、配件、构造和工艺等；二为价值塑造，即展示产品的独特性、稀缺性、优势性和利益性。在直播中，我们进行的主要是产品价值的塑造。

（1）产品的独特性

产品的独特性可以从产品的设计、造型出发。产品的设计可以是产品的取材。例如，某化妆品中包含 Pitera™（一种半乳糖酵母样菌发酵产物滤液），并且声明这样的透明液体可以明显地改善肌肤表皮层的代谢，让女性肌肤一直晶莹剔透，这就是产品独特性的塑造。

产品独特性的塑造可以让产品区别于其他同类产品，凸显该产品的与众不同。当然，在直播带货过程中，产品独特性的塑造必须紧抓用户的购买需求。例如，某化妆品的功效是改善女性肌肤表皮，主播在直播时就可以紧紧围绕女性想要改善肌肤的需求进行独特性的塑造。

（2）产品的稀缺性

产品的稀缺性体现在市场上此类产品的供应量小，或者供不应求。对于这样的产品，运营者和主播可以重点做好数据的收集，让用户明白能买到该产品的机会不多。这样一来，用户为了获得产品，就会更愿意在直播间下单。

（3）产品的优势性

产品的优势性可以是产品的先进技术优势，这主要体现在研发、创新上。例如，手机或其他电子产品的直播，可以借助产品的技术创新进行价值塑造，这甚至可以是刷新用户认知的产品特点，给用户制造惊喜，并且超出用户的期望值。

除此之外，运营者和主播还可以从产品的造型优势出发。例如，关于包包的直播，小型包包强调轻巧、便捷；中等型号的包包好适合放置手机，以及钱包、口红等，并具有外形独特、百搭，适合拍照等特点；较大型的包包可以强调容量大，可放置化妆品、雨伞，并且适合短期旅行。这些都是从产品的不同特点出发的，展示产品的不同优势。

（4）产品的利益性

产品的利益性是指产品与用户之间的利益关系。产品的利益价值塑造需站在用户的角度进行分析。例如，主播可以介绍产品为用户在日常生活中提供了更加舒适的生活环境，或者替用户解决了某些问题。总的来说，就是指产品能够带给用户一些好处。

例如，在进行家电直播时，主播可以强调产品给用户生活带来的便捷之处。无论是哪方面的价值塑造，都是基于产品本身的价值使得用户获得更好、更舒适的生活体验，这是产品价值塑造的基础。

以上塑造价值的方法都是基于产品本身的特点营造的。除此之外，主播还可以通过赋予产品额外价值来实现产品价值的塑造。赋予产品额外价值的方法有两个，如图 8-7 所示。

图 8-7　赋予产品额外价值的方法

3. 抓住用户的痛点和实际需求

在直播带货中，用户的需求是购买产品的重要因素。需求分为两大类，一类是直接需求，也就是所谓的用户痛点。比如，用户在购买时表达的想法，需要什么样的产品类型，这就是直接需求。

另一类则是间接需求。这类需求分为两种，一种是潜在需求，主播在带货过程中，可以引导用户的潜在需求，激发用户的购买欲望，潜在需求可能是用户没有明确表明的，或者是语言上不能清晰表明的；另一种是外力引起的需求，由于环境等其他外力因素促使用户产生的需求。

在带货的过程中，运营者和主播不能只停留于用户的直接需求，而应该挖掘用户的间接需求。如何了解用户的间接需求呢？笔者认为可以从以下角度出发。

（1）客观思考分析用户的表达

当用户通过评论在直播间提问时，主播需要客观分析用户的言语，思考用户真正需要的产品。可能用户本身也不清楚自己所需要的产品，此时主播就可以通过直播进行引导。

（2）选择与用户相符合的产品

每件产品都有针对的用户群体，你推荐的产品与用户相匹配，就能引起用户的共鸣，满足用户的需求。例如，高端品牌的直播，符合高消费人群的喜好，这类用户在购物时可能更注重产品的设计感和时尚感，在消费价格上则不太重视。因此，主播可以在把握这类群体心理特征的基础上，重点分析和讲述产品。

（3）选择符合用户审美的背景

在直播带货过程中，运营者和主播可以抓住用户的审美，设计精致的产品外形，从而吸引用户购买产品。例如，选择主打"高级感"的产品的直播场景时，可以选择简单的背景墙 + 具有质感的装饰品，通过背景衬托产品。

4.筛选产品来提高用户满意度

直播所带产品的好坏会影响用户的体验，所以我们可以从以下几点来选择产品，从而提高用户对产品的满意度。

（1）选择高质量的产品

直播带货不能有假货、三无伪劣产品等，销售这些产品属于欺骗用户的行为，被曝光后会被给予严厉惩罚。主播一定要本着对用户负责的原则进行直播。

用户在主播的直播间下单，必然是信任主播的，销售伪劣产品对主播本人是很不利的。选择优质的产品则既能增强用户的信任感，又能提高产品的复购率。那么，如何选择高质量的产品呢？运营者和主播需要重点做好两方面的工作，如图 8-8 所示。

图 8-8　如何选择高质量的产品

（2）选择与主播人设相匹配的产品

网红或者明星进行短视频和直播带货时，可以选择符合自身人设的产品。例如，作为一个吃货，你可以选择美食产品进行带货；作为一个健身博主，你可以选择运动服饰、健身器材等产品进行带货；作为一个美妆博主，你可以选择化妆品、护肤品等进行带货。

（3）选择一组可配套使用的产品

用户在进行产品购买时，通常会对同类产品进行对比，如果单纯利用降价或者低价的方式，可能会造成用户对产品质量产生担忧。但是利用产品配套购买优惠或者送赠品的方式，既不会让用户对产品的品质产生怀疑，还能让用户产生产品和同类产品相比相对划算的想法，让用户觉得买到就是赚到。

在服装的直播中，可以选择一组已搭配好的服装进行组合销售，既可以让用户在观看时因为觉得搭配好看而下单，又能让用户省去搭配的烦恼，对于不会进行搭配的用户来说，是一种省时又省心的做法。

（4）选择一组产品进行故事创作

运营者和主播在筛选产品的同时可以利用产品进行创意构思，加上场景化的故事，创作出有趣的直播带货内容，让用户在观看直播时对产品产生好奇心，并进行购买。故事的创作可以是某一类产品的巧妙利用，介绍这个产品异于同类产品的功效。也可以是产品与产品之间的妙用,产品与产品之间的主题故事讲解等。

5. 营造紧迫感来促使用户下单

营造紧迫感可以从时间上、数量上着手，在紧张的气氛下，让用户产生抢购的心理，从而下单购买。

（1）时间上的紧迫

运营者和主播可以制造时间上的紧迫感，例如，限时抢购、限时促销等。通常来说，这类产品的价格相对比较实惠，所以往往也能获得较高的销量。

除此之外，运营者和主播还可以通过直播标题制造时间上的紧迫感。例如，可以将"限时抢购"等词汇直接写进直播标题里。

（2）数量上的紧迫

数量上的紧迫主要是进行产地的限量抢购，限量抢购的产品通常也是限时抢购的产品，但是也有可能是极少数的限量款，还有可能是清仓断码款。因为这类产品的库存比较有限，所以对产品有需求的用户，会快速下定购买产品的决心。

TIPS 070 学会利用卖点，提高产品的销量

产品卖点可以理解成产品的优势、优点或特点，也可以理解为自家产品和别人家产品相比的不同之处。怎么让用户选择自家的货品？和别家的货品相比，自家货品的竞争力和优势在哪里？都是主播在直播卖货过程中要重点考虑的问题。

在观看直播的过程中，用户或多或少会关注产品的某几个点，并在心理上认同该产品的价值。在这个可以达成交易的时机，促使用户产生购买行为的，就是产品的核心卖点。找到产品的卖点，便可以让用户更好地接受产品，并且认可产品的价值和效用，最后达到产品畅销和建立品牌形象的目的。

因此，对于主播来说，找到产品的卖点，不断地进行强化和推广，通过快捷、高效的方式，将找出的卖点传递给目标用户是非常重要的。如图 8-9 所示为某男士 T 恤的宣传卖点。

ABOUT CLOTHES

穿一件好看的T恤 能开心一整天
简单的宽松男友风版型
就算是有点肉肉的男生也轻松驾驭
一黑一白两个基础色更是不挑人
印花是亮眼的创意款
做出了立体的感觉 细看也是好看的
这种街头款式不需要太费心
男生夏天配一条短裤就帅帅的
还是那种干脆利落的有型范儿

图 8-9 某男士 T 恤的宣传卖点

主播在直播间进行服装销售时，要想让自己销售的产品有不错的成交率，就需要满足目标受众的需求，而满足目标用户的需求是通过挖掘卖点来实现的。

但是，如果满足目标用户需求的产品在与其他产品的对比中体现不出优势，那么产品卖点也不能称之为卖点了。想要将产品的价值更好地呈现出来，主播需要学会从不同的角度来挖掘服装产品的卖点。下面笔者就来为大家介绍一些挖掘卖点的方法。

1. 结合当今流行趋势挖掘卖点

流行趋势就代表着有一群人在追随这种趋势。主播在挖掘服装的卖点时，就可以结合当前流行趋势来寻找，这也一直是各商家惯用的营销手法。

例如，当市场上大规模流行莫兰迪色系的时候，在服装的介绍宣传上就可以通过"莫兰迪色系"这个标签吸引用户的关注；当夏天快要来临，女性想展现自己性感身材的时候，销售连衣裙的商家就可以将"穿上更性感"作为卖点。

2. 从服装的质量角度挖掘卖点

产品质量是用户购买产品时关注的一个重点。大部分人在购买服装时，都会考虑服装的质量。所以，主播在直播带货时，可以重点从产品的质量挖掘卖点。主播在挖掘服装的卖点时，可以将商家标明的质量卖点作为直播的重点内容，向用户进行详细的说明。

3. 借助名人效应打造卖点

大众对于名人的一举一动都非常关注，他们希望可以靠近名人的生活，得到心理的满足。这时，名人同款就成为服装的一个宣传卖点。

名人效应早已在生活中的各方面产生了一定的影响。例如，选用明星代言广告，可以刺激用户消费；明星参与公益活动，可以带领更多的人去了解、参与。名人效应就是一种品牌效应，它可以起到获取更多人关注的作用。

主播只要利用名人效应来营造、突出服装的卖点，就可以吸引用户的注意力，让他们产生购买的欲望。

展示用户体验，树立产品的口碑

在用户消费行为日益理性化的前提之下，口碑的建立和积累可以为短视频和直播带货带来更好的效果。建立口碑的目的就是为品牌树立一个良好的正面形象，并且口碑的力量会在使用和传播的过程中不断加强，从而为品牌带来更多的用户流量，这也是为什么商家都希望用户做出好评的原因。

许多短视频和直播销售的产品，链接的都是淘宝等电商平台的产品详情页。而许多用户在购买产品时，又会查看店铺的相关评分，以此来决定要不要购买短视频和直播中推荐的产品。所以，提高店铺的评分就显得尤为重要了。

在淘宝平台中，"店铺印象"界面中会显示对宝贝描述、卖家服务和物流服务的评分，如图 8-10 所示。这 3 个评分的高低在一定程度上会影响用户的购买率。评分越高，用户的使用感越好，店铺的口碑越佳。

图 8-10　淘宝店铺的评分

优质的产品和售后服务都是口碑营销的关键。处理不好售后问题会让用户对产品的信任大打折扣，并且降低复购率。优质的售后服务则能够推动口碑的树立。口碑体现的是品牌和店铺的整体形象，这个形象的好坏主要体现在用户对产品的体验感上，所以口碑营销的重点还是不断地增强用户的体验感。具体来说，用户的体验感可以从 3 个方面进行改善，如图 8-11 所示。

那么，一个好的口碑又具有哪些影响呢？具体内容如下。

（1）挖掘潜在用户

口碑营销对用户的购买行为影响重大，尤其是潜在用户，这类用户会询问已购买产品的用户的使用体验。或者查看产品下方的评论，查找用户的使用感受。所以，已使用过产品的用户的评价在很大程度上会影响潜在用户的购买。

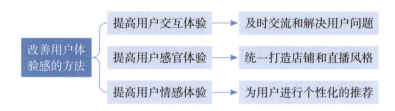

图 8-11　改善用户体验感的方法

（2）提高产品复购率

对于品牌和店铺来说，信誉是社会认同的体现，所以好口碑也是提高产品复购率的有效工具。

（3）增强营销说服力

口碑营销相较于传统营销更具感染力，口碑营销的产品营销者其实是使用过产品的用户，而不是品牌方。这些使用过产品的用户与潜在用户一样都属于用户，在引导潜在用户的购买上更具有说服力。

（4）解决营销成本

口碑的建立能够节约品牌在广告投放上的成本，为企业的长期发展节省宣传成本，并且替品牌进行推广传播。

（5）促进企业发展

口碑营销有助于减少企业营销推广的成本，并增加用户数量，最后推动企业的成长和发展。

由此不难看出，品牌和店铺的口碑对于直播来说是非常重要的。一方面，主播在直播过程中可以借助良好的口碑吸引更多用户下单；另一方面，在直播中卖出产品之后，主播和商家需要做好售后，提高品牌和店铺的口碑。只有这样，用户才会持续在你的直播间购买产品。

增加增值内容，增强用户获得感

在直播时，主播要让用户心甘情愿地购买产品，比较有效的一种方法是为用户提供增值内容。这样一来，用户不仅获得了产品，还收获了与产品相关的知识或者技能，自然是一举两得，购买产品也会毫不犹豫。

　　那么增值的内容应该从哪几点入手呢？笔者总结了 3 点，即陪伴、共享及学到东西。

　　典型的增值内容就是让用户从直播中获得知识和技能。比如，天猫直播、淘宝直播和聚美直播在这方面就做得很好。一些利用直播进行销售的商家纷纷推出产品的相关教程，给用户带来更多软需的产品增值内容。

　　例如，在某销售手工产品的直播间中，经常会向用户展示手工产品的制作过程，如图 8-12 所示。该直播不仅能让用户看到手工产品的制作过程，还会教用户一些制作的技巧。

图 8-12　展示手工产品的制作过程

　　在主播制作产品的同时，用户还可以通过弹幕向其咨询制作产品的相关问题。比如，"这种花是用什么材质做的？""这里是要把材料慢慢捏成花瓣的形状吗？"等，主播通常也会耐心地为用户进行解答。

　　这样，用户不仅通过直播得到了产品的相关信息，而且还学到了产品制作的窍门，对手工制作也有了更多了解。用户在了解了产品的制作过程之后，就会想要买主播制作的产品，或者购买材料，自己制作手工产品。这样一来，直播间的产品销量自然也就提高了。

当然，除了内容增值，主播和商家还可以通过其他增值方法来吸引用户下单。比如，可以通过买价格较高的产品，赠送价格较低的产品，来增强用户的获得感。如图 8-13 所示为两个直播的相关画面。可以看到，这两个直播间中的背景展示了"拍 1 发 3""拍二发三"等。这便属于通过赠送产品来吸引用户下单。

图 8-13　通过赠送产品吸引用户下单

TIPS · 073

直播卖货技巧，打造高转化率直播

各直播平台上的直播那么多，运营者和主播要如何让自己的直播从众多直播中脱颖而出，打造高转化率的直播呢？本节笔者将分享两个卖货技巧，帮助主播打造高销量的直播。

1. 亲密联系：成为用户的朋友或私人购物助手

在直播过程中，如果主播一直在介绍产品，那么用户肯定会觉得枯燥无味。在这种情况下，用户就会很快离开直播间，甚至会取消对主播的关注。相反的，如果主播大力发扬直播平台本身的交互优势，及时与用户互动，就会增强用户的参与感，甚至让用户把你当成自己的朋友或私人购物助手。这样一来，用户就会更愿意在直播中下单购买你推荐的产品。

例如，在淘宝直播过程中，如果有用户点击链接前往商品详情页面，那么直播中就会显示"某某正在去买"的字样。所以，当主播与用户的关系变得密切时，部分用户会基于信任购买主播推荐的产品，而其他用户在看到"某某正在去买"的字样之后，受到从众心理的影响，也会更愿意下单购买产品。于是，在这种情况下，就会有更多用户主动下单购买产品。

2. 解决痛点：给用户一个"不得不买的理由"

痛点就是用户急需解决的问题，如果得不到解决，就会觉得很痛苦。用户为了解决自己的痛点，一定会主动寻求解决办法。研究显示，每个人在面对自己的痛点时，行动的效率会非常高。

很多进入直播间的用户对产品都有一定的需求，即使当时的购买欲望不强烈，但是主播如果抓住了用户的痛点，给用户一个购买产品的理由，那么，原本购买欲望不强烈的用户也会想要下单购买你推荐的产品。

例如，部分女性会有脸上长斑的困扰，某直播间便针对这一点进行直播，为用户推荐祛斑产品。当用户在看到主播推荐的产品的使用效果之后，就会更想要购买主播推荐的产品。

第 9 章

标题设计：
10 个技巧打造爆款直播间

学前提示

许多用户在看一场直播时，首先注意到的可能就是它的标题。因此，一个直播标题的好坏，将对它的相关数据造成很大的影响。

那么如何更好地撰写直播标题呢？这一章笔者就来为大家介绍 10 个直播标题设计技巧，帮助大家更好地打造爆款直播间。

要点展示

- 提炼要点：使用吸睛的词汇
- 经验分享：授之以"渔"型
- 专家讲解：利用专业权威性
- 提出疑惑：提高直播专业性
- 数字冲击：增强视觉冲击力
- 十大总结：提升范围影响力
- 同类比对：突出产品优势
- 流行热词：提高直播潮流性
- 借势营销：强化传播影响力
- 语言冲击：提升标题创意性

提炼要点：使用吸睛的词汇

运营者和主播在写直播标题时，仅仅注重钻研标题的形式是不够的，还要学会在标题中加入吸睛关键词，从而增加直播的点击量和曝光率。那么，在直播标题中可以插入哪些吸睛词汇呢？下面笔者就来具体介绍。

1."免费"

"免费"一词在直播标题的打造中有着不可忽视的作用。在标题中适当且准确地加入"免费"一词，可以很好地吸引用户，如图 9-1 所示。

图 9-1　加入"免费"一词的直播标题案例

在直播的标题当中，"免费"一词可以很好地抓住用户的某种心理。当用户在看到标有"免费"一词的标题时，往往会自觉地想去查看是什么东西免费和它的免费程度，从而来吸引用户们点击和进入直播间。

说是"免费"，其实并不代表就是真正意义上的免费。"免费"一词出现在直播的标题里也只是一个噱头，目的就是吸引用户的注意。在商业营销里面，"免费"这个词也有着十分广泛的应用，但它在"商业战场"上有一个特定的专业名词——"免费式营销"。在直播的标题之中加入"免费"实质上也是一种"免费式营销"。

"免费式营销"是一种基于消费者心理而提出的市场营销策略。相对于用钱来说，消费者们更喜欢不要钱也能得到的东西，这个理念的提出也正是抓住了消费者的这一心理，可谓是"对症下药"。

　　在这一理念中，"免费式营销"并不是真正的免费，这种营销理念的实质其实是小投入大回报的"钓鱼"营销理念，它的操作方式就像人们在日常生活中钓鱼一样，主播只需在钓鱼的时候付出一小条鱼饵作为代价，便能收获一条或几条鱼的回报，而且这一方法和措施可以无限循环使用。"免费式营销"的最终目的就是要让消费者持续购买，这也是市场营销很常见的方法。

　　那么，"免费式营销"又是如何在市场营销这片大的红海之中独树一帜的呢？在现代生活之中，商业战场的厮杀十分惨烈，要想在商业战场里面获得较多用户的青睐，商家就不能仅仅想着自己了，还要从可持续上来下功夫。换言之，就是要提高用户的购买率。

　　"免费式营销"就很好地做到了这一点，它的实际操作也是十分简单的。透过对"免费式营销"的一系列分析，大家应该也可以看出"免费"一词已经不需要再大肆宣传了，也就方便了直播间的宣传。

2."全新""全新发布"

　　"全新"和"全新发布"皆有表示发生了改变的意思，这两个词汇放在直播的标题当中，都能让用户对直播内容产生新鲜感。

　　"全新"的意思就是与之前相比发生了天翻地覆的变化，和之前的完全不一样了。这一类标题所体现的内容一般都是经过一段时间的蛰伏或者消失了一段时间之后的重新回归。

　　带有"全新"一词的标题多指某产品的重新面世，通过对之前产品加以完善和优化，然后进行产品宣传，能在很大程度上吸引新用户的注意和尝试。所以，部分直播标题中会使用"全新"一词，如图 9-2 所示。

图 9-2　加入"全新"一词的直播标题案例

"全新发布"也是代表某一产品的公布，给人的感觉较为正式。"全新发布"一词代表了消息具有很强的时效性。从用户的心理上来研究，人往往喜欢在某些事上做第一个知道的人，然后分享给别人，这就是所谓的"存在感"。许多电子产品都会利用"全新发布"进行直播。

3."清仓""最后"

在电商直播中，常常会在直播标题中加入"清仓"一词，如图 9-3 所示。这可以给人一种时间上的紧迫感，促使用户赶紧点击，以免错过。

图 9-3　加入"清仓"一词的直播标题案例

4."现在""从今天开始"

在直播的标题当中，"现在"和"从今天开始"均代表一个时间节点，这类标题所讲的内容也是在这个时间节点之后才发生的事情。

"现在"是一个现在进行时态的词语，它表示当下的这一刻，也可以指当下的一段时间。当这一词汇出现在直播的标题中时，就表示了所写的内容是贴近用户的生活和当下这一时期。人们关注的大都是自己身边或者这段时期内所发生的与自身息息相关的事情，当看见标题当中有"现在"一词，用户就会点开去看看自己身边或这段时间发生了哪些事情。

"从今天开始"表示的是一个时间节点，即从今天往未来的很长一段时间里，以今天作为界限。强调突出"今天"和"开始"，代表一个目标、政策或项目等将在"今天"开始变化或行动。

5."这""这些""这里有"

"这""这些"和"这里有"都是指向性非常明确的关键词，在直播标题当中运用恰当，对一场直播的点击率影响巨大，如图 9-4 所示。

图 9-4　加入"这"一词的直播标题案例

　　在撰写直播标题的时候，光抛出一件事情或一句话有时候是不够的，有时候也需要引导用户和给出一些简单明了的指示。这个时候，在标题中切入"这""这些"就显得十分有必要了。

　　这两个词在标题里的应用原理也很简单。比如，有人告诉你某个地方正在发生一件很奇怪的事情，当你想知道到底是什么奇怪的事情时，他只跟你说在哪里发生的，却不将这件事情仔细地讲给你听，最终你还是会自己去看看到底是什么奇怪的事情。这一类带有"这""这些"的标题就是以这样的方式来吸引用户的。

　　在直播的标题之中切入"这里有"的目的性也很明确，就是在告诉用户这里有你想知道的内容，或者这里有你必须知道的内容，从而让用户点击进入直播间。

　　这一类标题大都是采用自问自答又或者传统式的叫喊，比如"这里有你想要的气质美""大码爆款 T 恤这都有""这个直播间有 1 元福利"之类的。这种标题无须太多技巧，只需适时适当地知道用户想要的是什么就可以了，避免了其他形式标题的弯弯绕绕，又不会出太大的差错。

　　这种类型的标题的表达非常清楚、直接，用户在看到直播标题时对直播内容有了一定的了解，也能让对标题里提到的信息点感兴趣的用户进入直播间，以此提高直播的点击率。

6."怎样""哪一个"

"怎样"和"哪一个"都具有选择和征求意见或建议的意思，这两个词汇出现在直播间的标题当中时，也给了用户一个选择，让用户参与到直播当中来，从而达到主播与用户之间互动的效果。

"怎样"一词在标题撰写当中一般有两种意思，一种是指怎么解决，讲的是方式或方法，展示的内容是要帮助用户解决生活或工作当中某一种较为普遍的问题，为用户出谋划策；一种是主播讲述一件事，征求意见或建议。

当它以方式或方法的意思出现时，人们关注的就是解决问题的方法；当它以征求意见的意思出现时，表现了主播对用户的一种尊重，用户的直播体验会大大提高。当然，对于"怎样"的运用不能只局限于它的某一种意思和功能，要根据直播内容灵活运用。

"哪一个"在直播的标题当中出现时，就代表了一种选择，它比"怎样"一词所表示的选择性更为明确和直观。带有这一关键词的直播标题其实在无形之中就与用户产生了互动，有了互动才能极大地调动用户的积极性，让用户更愿意参与到阅读和互动当中来。例如，"想让我介绍哪一款呢""喜欢哪款鞋跟主播说""这么穿，哪里显胖""办公本游戏本哪款更合适"等。

7."你是否""你能否"

"你是否"和"你能否"同属于疑问句式，在标题中出现这些字样代表了对用户的提问，这一类标题更加注重与用户的互动。

"你是否"这一关键词的意思就是"你是不是……"，是对用户现状的一种询问。当这样的标题出现在用户面前时，用户会下意识把标题当中的问题代入到自己身上，进而开始反思。再加入用户的提醒，让用户联想到自己，不论用户自身有没有标题里所提及的问题，用户都会下意识地去看看。就像网络上流行的十二星座，尽管很多人并不相信，但看到自己所属的星座解析出现的时候，都会下意识地查看。

"你能否"这一关键词的意思就是"你能不能……"，通常是在问用户能不能做到像直播间标题里说的那样，是对用户能力或者未来状况的一种表达或预测。这种标题通常能给用户一种指示或灵感，让用户能够去发现标题当中所涉及的能力或者趋势。

这种标题通常能够让用户了解到自己是否具备标题当中所说的某一种能力，或者有没有把握住标题所涉及的趋势。这样的标题之所以能吸引用户，是因为它在问用户的同时，又能让用户反思自己，既能获得信息，又能让自己进入有所收获的直播间。例如，"你是否有便秘""秀发问题是否有困扰""你是否被跟踪偷拍过""你的面膜是否适合你"等直播间标题便属于此类。

经验分享：授之以"渔"型

在生活中，包含经验分享内容的标题特别受用户喜爱，因为用户经常是带有目的地去观看直播的，他们希望从直播中吸取某一方面的经验与诀窍。如图 9-5 所示为某直播的相关界面。从直播标题可以看出，这是一场分享播音和配音经验的直播。

图 9-5　经验分享式标题

需要注意的是，经验分享式标题下的直播内容，需要具有一定的权威性及学术性，或者至少经验性较强。当然，也可以是主播自身特有的经历的分享，或者在个人体验上能够带给大家参考。

专家讲解：利用专业权威性

所谓的"专家讲解"类标题，是以表达观点为核心的直播标题形式，一般会在标题上精准到人，会将人名和群体名称放置在标题上，在人名和群体名称的后面会紧接着补充对某件事的观点或看法。

下面就来看几种专家讲解类标题的常用公式，具体内容如下。

一类是"某某："形式，这类标题通过冒号把直播的主讲人与直播内容隔开，很好地突出显示了直播的重点。同时，也让用户可以一眼就明白具体内容。

另一类是对提出观点的人做了水平或其他方面的层级定位的直播标题形式，这其实也可以说是上面所示的基础标题形式的变体。它意在通过提升进行直播的人的层级定位来增加标题观点和直播内容的可信度。

下面以"金牌讲师"为例，对这类观点展示标题进行展示，如图 9-6 所示。这类标题给人一种很权威的安全感，获得用户的信任。这类标题所进行的直播也大都和人们关心的某一方面紧密联系，人们在看到自己所关注的某一方面的"金牌讲师"发言时，往往更愿意观看直播。

图 9-6 "金牌讲师"的直播标题展示

提出疑惑：提高直播专业性

疑惑自问式直播标题又称问题式标题、疑问式标题。问题式标题可以说是知识式标题与反问式标题的结合，以提问的形式将问题提出来，但用户又可以从提出的问题中知道直播内容是什么。

一般来说，问题式标题有 6 种公式，企业只要围绕这些公式撰写问题式标题即可。

第一类是疑问前置句：

（1）"什么是 _____？"

（2）"为什么 _____？"

（3）"怎样 _____？"

（4）"如何 _____？"

第二类是疑问后置句：

（1）"_____有哪些？"

（2）"_____有哪些秘诀 / 技巧？"

下面来欣赏几则问题式标题案例。如图 9-7 所示为疑问前置式标题的案例，这类标题通常将疑问词放在最前面，从而引起用户的注意。当用户看见"什么""为什么""如何""怎样"等一系列词语时也会产生相同的疑问，从而主动点开直播寻求答案。

图 9-7　疑问前置式标题案例

如图 9-8 所示为疑问后置式标题的案例。这类标题喜欢将疑问放在标题末尾，引起用户兴趣。人们往往对"秘诀""技巧""秘籍"等词汇具有很强的兴趣，用这一系列词汇会给用户此直播会普及一些小常识或者小知识的感觉。因为这些内容往往会方便人们的生活。当人们在面对这类标题时，也会抱着学习的心理去观看直播，也就增加了直播的点击率。

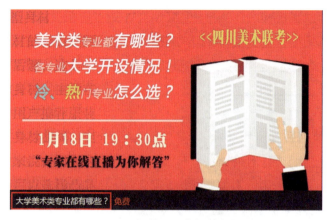

图 9-8　疑问后置式标题案例

数字冲击：增强视觉冲击力

TIPS 078

　　统计冲击型标题也叫数字冲击型标题，就是在标题中标注具体数据的直播标题形式。一般来说，数字对人们的视觉冲击效果是不错的，一个巨大的数字能与人们产生心灵的碰撞，很容易让人产生惊讶之感。同时，也让人想要得知数字背后的内容。

　　下面就来欣赏几则统计冲击型的标题。如图 9-9 所示为单一数字式标题。这类标题往往只有一个特别大或者极小的数字。根据不同的直播内容在标题里运用一个极大或者极小的数字，可以起到令人惊讶的效果。

图 9-9　单一数字式直播标题案例

如图 9-10 所示为多数字对比式标题。这种标题往往采用一大一小的数字做对比的方式出现在标题里面，一大一小的强烈对比和巨大差异会给人造成一种视觉上的冲击和震撼。数字往往使人敏感，人们想通过这些差异巨大的数字得到隐藏在数字背后的信息。当用户看到这样一大一小的数字对比的直播标题时，也更想要进直播间去一探究竟。

图 9-10　多数字对比型直播标题案例

TIPS 079　十大总结：提升范围影响力

"十大总结"是指将物品进行十大总结和排名，例如，"十大好物推荐""十大撩人小心机""正品牌名牌十大国产""瑞士十大品牌机械表""十大品牌鱼竿手竿日"等，如图 9-11 所示。

"十大总结"型标题的主要特点：传播率广；在网站上容易被转载；容易产生一定的影响力。此外，"十大"，是选择和优化之后的结果，留下的内容都是编者已经筛选好的精华部分，免去了筛选这一复杂过程。这类标题通常也能

图 9-11　"十大总结"直播标题案例

带给用户更好的阅读体验。

同类比对：突出产品优势

同类比对型标题是通过与同类产品进行对比，来突出自己产品的优势的，加深用户对产品的认识和理解。

有一部分同类比对型标题仅仅只是同类产品的一个大盘点，各类产品的优缺点都有所展示，不刻意突出某一产品的功能，不带功利性质。如盘点同一类小吃在不同地区所呈现的味道、盘点某某地景区、盘点中国历史上的勇猛武将和盘点某国漫中的人物等。

带有功利性质的同类产品比对则较为明显，将两款不同品牌的产品拿出来做对比，突出某一产品的优点或者突出自身产品的特点。比如，不同品牌在同一时期发布的两款手机的性能对比，或者对不同品牌但价格相差无几的空调做节能对比，突出某产品或为贬低某产品。

用来进行同类对比的产品，大都有某些相似之处，如价格、性能、特色等，分条逐列将对比项展示出来。比对式标题还可以加入悬念式标题的手法，能更加凸显标题的特色，吸引消费者的注意力，既用了对比，又有悬念，很符合当代人们的口味。如"双强组合 VS 浪肖组合""期待你能来，遗憾你离开""有种差距叫'同剧同造型'：不比不知道一比吓一跳，颜值再高气场依旧被带偏"等直播标题。

流行热词：提高直播潮流性

流行词汇型直播标题，就是将网上比较流行的词汇、短语和句子（如"我不要你觉得，我要我觉得""我太难了""硬核""柠檬精""淡黄的长裙"等）嵌入直播标题中，让用户一看就觉得十分有新意。

这种网络流行用法常常被用在微信朋友圈、微博中。因为这类网络流行语传播起来速度极快，读起来诙谐幽默又朗朗上口，所以在撰写直播标题时也经常被用到。如图 9-12 所示为加入流行词汇的直播标题的案例。

图 9-12　加入流行词汇的直播标题案例

　　流行词汇的运用紧跟时代潮流又充满创意，有夺人眼球的吸睛效果，用户十分乐意去进入这一类型的直播间。

借势营销：强化传播影响力

　　借势主要是借助热度，以及当前流行的趋势来进行传播，借势营销有 8 个技巧，本节将一一介绍。

1. 借助热点

　　人们经常说起热点，那么，什么是热点呢？其实，关于"热点"一词的解释很多，该词的应用也很广泛，但本节所讲的"热点"涉及的范围不是十分宽泛。本节提到的"热点"是指在某一时期十分受人关注的内容，它还有一种更为大众和现代的说法，那就是人们非常关注的新闻、事件等，或者特别受人们欢迎的事情也可以称为"热点"。

　　热点的特点就是关注的人数众多，所以巧借热点事件或者新闻写出来的直播标题也会因为热点的关系使得关注度和浏览量都有提升。那么，热点从哪里来，又怎么用到直播标题当中呢？

热点传播一般来源于各大网络，例如，微博、百度、抖音和快手等。热点大多来自于国家政策或者社会上发生的具有影响力的事情或新闻，这些事件或新闻在民众之中传播比较快，人们耳熟能详，并且时常讨论或研究。热点之所以能被众多人关注，是因为它与国家或人们生活息息相关。

这些热点都与人们的日常生活联系紧密，所以关注的人就会多一些。在撰写直播标题的时候，借助热点事件或新闻，能在很大程度上吸引关注这些热点的粉丝和观众，也能使直播间的曝光率和流量增加。

2. 借助流行

"流行"一词其实是一种社会心理现象，是指在某一时刻或时间段内，人们接受并付诸行动、语言等的某一种观念、行为、事物从发生到结束的一个过程。

简单来说，流行就是指某一事物、想法、语言行为等从出现到被众多人接受并被广泛运用，直到彻底结束的一个过程。流行包括的范围很广，比如，流行语言、流行音乐、流行颜色、流行造型和流行服饰等。

很多直播标题也经常会借助流行元素来达到让直播间点击率增长的效果，因为某一事物能流行一定是因为有众多的人参与和模仿，如果只是某一部分人参与和模仿，还不能称之为流行。

"流行"和"时尚"有着本质的区别。所谓"时尚"，是指在一时间段内，具有高品位、欣赏性和美感等能给人身心带来巨大愉悦和享受的某一事物。"时尚"是小众范围里的东西，因其具有高品位、欣赏性和美感等特点，所以不太能够拥有众多的"追随者"。

相对于"时尚"的小众来说，"流行"则显得更具包容性和普遍性了。"流行"的事物或者观念一般能涉及大部分人，如流行的音乐，就是大部分人都能够有能力去消费和欣赏的。"时尚"就好比交响乐，而"流行"则是街头小巷人人都能哼唱几句的流行乐。"流行"的事物或者观念有其特点，人们总是能够在"流行"的事物或观念里面，找到某种自身需要的精神或心理上的慰藉。

借用"流行"的势头来撰写直播标题，可以充分利用"流行"所具有的特点和吸引喜欢"流行"的用户，以此来达到增加直播间流量的效果。

在直播间中出现的流行元素可以是多种多样的，可以借助流行词汇、流行歌词或是当下正在流行的一部电视剧或电影。借助这些被广大用户所了解和津津乐道的元素，会让直播的推广变得更为简单。当用户在看到直播标题中有自己喜的事物时，或多或少会有一种归属感。

3. 借助牛人

"牛人"一词是网络用语，多指做出一些令人意想不到的十分厉害的事情，一般指对一个人的敬佩和赞叹，现在也把在某一领域做得尤其出彩的人称为"牛人"。现在流行的一句话叫"高手在民间"，所谓"高手"也就是指这些牛人了。

牛人大都身怀绝技，所以当直播标题当中出现了"牛人"一词时，用户便想要看看。

从草根到牛人这是众多人都向往的。当然，牛人也有不同，有些牛人通过自己的努力成为了某些领域的顶尖人物，当人们看到这样的牛人时，也会想着看看这样的牛人身上有哪些是值得自己去学习和借鉴的。比如，那些在某个领域已经做出傲人成绩的牛人。

4. 借助名人

"名人"最初是指在某一领域有较高威望的人，有时候也特指在历史上有过重要贡献的人，如"名人名言"当中的"名人"就特指在历史上有过重要贡献或突出贡献的人。"名人"在不断的发展过程中，所指的对象也开始发生变化，如今人们口中所说的"名人"，也指明星演员等。

名人相对普通人来说有一定的权威性，人们对名人也往往十分相信。比如，某一品牌的手机邀请某大火的明星代言，那么这款手机就会因为该名人的知名度而销售量剧增。借助名人势头在现代社会来说已经是很常见的事情了，众多品牌在打广告的时候都会邀请当下火热的名人代言，从而借助名人的关注度，来增加自己品牌或产品的关注度。

这一方法在直播标题的写作上也一样十分实用。在直播标题的写作当中借助名人的势头可以大大加强直播的权威性。人们在看到这样的标题时，会觉得使用这种标题的内容一定是"有道理"的。

比如，某直播标题之中出现了与某大红或关注度极高的名人有关的事情，这个直播的点击量就会很高，这也就是所谓的"名人效应"。如图 9-13 所示为某主播的部分淘宝直播封面内容。可以看到，这些直播封面中就直接将名人的名字加入到了标题中。

图 9-13　将"名人"的名字加入到直播标题中的案例

还有一些普通人因为某一领域的出色表现而被人所熟知，这样的"名人"可能是通过某节目或有人将其"绝技"拍摄下来上传到网上而被人所熟知，当用户看到这种标题的时候，通常会点击查看这个"名人"到底哪里出色，是如何变"名人"的？

5. 整合热点

主播在撰写直播标题的时候，仅关注热点是不够的，还要整合热点。怎么整合热点呢？就是将零散的热点都收集归纳出来，并做一个合理的衔接，从而帮助人们更好地共享信息和协调工作。

撰写直播标题如果只对一个热点进行整合是不行的，还要提炼出相对于热点更多的东西。就如同有一个出题者给你一堆散落在各个角落的数字拼图一样，你要做的工作并不仅仅是将这些散落的小零件收集起来，也不是将它们随意地拼在一起就好了，而是要将它们有序地拼好才算完成任务。这个"有序拼好"的结果早已经和出题者叫你"收集散落的小零件"时的意图不一样了，虽然这可能在意料之中，但刚开始有可能想不到这么多。

在直播当中"整合热点相关资料"就像拼图一样，当你看到整合出来的东西时你会觉得是在意料之中的，但在别人没有整合出来的时候，你并不一定能想到那么多，这也是部分和整体的区别。

6. 热点答疑

热点的特点是关注度高和关注人数众多，所以如果主播在撰写直播标题时，在标题当中涉及某热点话题，就会让你的直播有极高的关注度，这是之前所说的借助热点的势头撰写标题。

在现实生活当中，某一热点突然袭来，用户们大都只是跟风关注，其实用户并不知道这个热点真正所讲的到底是什么、有什么利害关系或发展前景、对自己的工作或是生活有没有影响等方面的情况，并不是十分了解和清楚，所以主播在撰写直播标题的时候，如果是对热点进行答疑解惑，则会让更多关注这一热点的用户产生兴趣。

了解这一热点的用户会想要更加深入地了解这一"热点"的实质内涵或发展方向等，而不是很了解这一热点的用户在看到这类对热点进行答疑解惑的标题时，就想要清楚地了解这一热点到底是怎么回事？

7. 制订方案

所谓"方案"，就是对某一工作或某一问题所制订的计划。在直播标题的撰写中，用方案借势是十分有效的打造品牌或者推广品牌的方式。在大品牌当中运用方案借势的效果是尤其明显的，因此可以自己制订方案为自己的品牌或产品造势。

大品牌用方案造势的例子很多。比如，现在人们熟知的"双 11 购物狂欢节"，就是阿里巴巴集团联合各大电商平台，包括天猫、苏宁易购进行的一次十分成功的营销方案。还有"京东 618"等活动，都是平台造势的案例。

8. 情绪带动

人们常说的情绪包括喜、怒、哀、惊、惧等，还包括一些人们经常接触但是总是容易忽略的情绪，如自豪、羞愧、歉疚和骄傲等。

大部分人很容易被某一种情绪带动，尤其是人们十分关注的事情或者话题，更容易调动用户的情绪，比如 5 月 20 日期间，借助"告白"的势头进行的有关"告白"的直播间，就很容易调动用户的情绪。

主播在撰写标题的时候，要学会借助某一热门事件或者人们十分关注的事情，从情绪上调动用户观看的积极性。学会用带有能调动用户情绪的热点话题，就能在很大程度上吸引用户的注意力和眼球。

在标题当中所体现出来的情绪，要让用户能够深刻地感受到，所以借助人们都十分关注的事情，或者某一热门的势头，来撰写带有情绪的标题，不论是自豪的、高兴的还是悲伤的都能让用户在标题当中就能体会到。

语言冲击：提升标题创意性

所谓语言型，即利用修辞手法提升标题的创意性。具体来说，提升标题的创意性主要有 8 种方法，具体分析如下。

1. 比喻

比喻，是一种修辞手法。何为比喻？其实就是用与 A 有相似之处或者共同点的 B 来形容 A，从而达到让人们认识或感受 A 的目的。

比喻的种类看似很多，但在日常生活中经常用到的却不是很多，在生活中最常用的 3 种比喻类型就是：明喻、暗喻、借喻。

①明喻又叫直喻，指很直接就能看出是比喻句的，比如，"像……""如……""仿佛……"等，这一类就十分简单，也是最常见到的。

②暗喻又叫隐喻，指在一个比喻句中，出现的比喻词也不是平时常见的，而是"是……""成了……"等，比如"这一刻，我在草原上奔跑，于是，我也成了那头敏捷的小鹿"，这里面的"成了"就是喻词，把"我"比作"小鹿"。

③借喻，相对其他种类的比喻句来说，借喻是比较高级的比喻形式，它的句子成分看不出明显的本体、喻体和喻词，而是通过本体和喻体及其亲密的联系来达到比喻的效果的，比如"那星光，也碎成泡沫，在海中散开"。

"比喻式"的直播标题所用到的比喻技巧，也无须像文学作品里面的那样精致、巧妙，直播标题当中的比喻，重在让用户看懂、感兴趣。

"比喻式"直播标题可以让用户在看到标题之后，对标题里面所涉及的内容有豁然开朗的感觉。用到这一修辞技巧，也是要给用户制造一点不一样的观看感受，给用户的观看增加一点乐趣。在"比喻式"直播标题当中要注意比喻是否适用于直播内容，还要注意比喻元素的齐全性。

2. 拟人

拟人，是将"非人"的事物人格化，使它们具有人的特点，比如具有人的感情、动作、思想等。拟人在文学层面来说是一种修辞手法，将本不是人的事物变成像人一样。

就文学层面来说，运用拟人的写作手法，可以让描写的事物更加生动、直观、具体，也更能让用户觉得亲切。基于此，把拟人这一修辞手法运用在直播标题的撰写上不失为一种好的方法。

"拟人"还分为不同的种类，所以要注意根据不同的情况来对所写的内容进行"拟人化"。

3. 标题对偶

"对偶"也被称为对仗，指的是句子字数相等、意义相似、对仗工整的一句话或几句话，最常见的对偶是两句话。这样的句子通常前后联系十分紧密，不可分割。对偶在文学作品中经常用到，恰当运用对偶能够让句子结构更加富有层次，更有韵味，也更能吸引人的注意。对偶之所以应用广泛，是因为采用对偶的形式还会让句子变得更加凝练精巧，让人读起来朗朗上口。

对偶式标题前后句相互映衬，相互作用，不可分割。直播标题采用对偶的形式，也会让标题具有节奏感强、易于记忆等特点。同时，也能让标题更容易传播和推广，从而达到扩大标题影响力的目的。

在直播标题当中运用对偶，一般只有两句话。如果句子太多太长，一方面会受到标题字数的限制，另一方面也会给用户带去不好的阅读体验，容易视觉疲劳。所以，主播在撰写"对偶式"直播标题时，字数也要尽量精简，这样才能让用户有一个比较好的视觉感受和观看体验。

4. 用谐音梗

谐音就是指用同音不同字，或者读音相近但意思不同的字或词来形容某一物，经常被用于文学作品之中，以达到出其不意的效果。

在直播的标题中，如果采用谐音梗，会让内容更加富有意趣。另外，在进行直播带货时，也可以适度使用谐音梗。

主播在撰写直播标题的时候，采用谐音梗就能大大提高标题的关注度。用户在看到这样带有谐音的标题时，不仅会觉得十分有趣，还能快速理解主播想要表达的意思。特别是精炼式的谐音标题，更容易被人记住和被人传播。

5. 利用幽默

幽默，简单来说就是让人开怀大笑的意思。但"幽默"一词与单纯的搞笑又有很大的不同，幽默让人在发笑的同时，又能感受到主播想要表达的内容以外的意思。

幽默式标题通常以出其不意的想象和智慧让用户忍俊不禁，在使直播标题吸引人的同时，还能让人印象深刻、发人深省，激发用户观看直播的兴趣。使用幽默式直播标题，不仅能够让用户会心一笑，还能让用户在笑过之后理解主播话里更深层的意思，达到主播预期的目的。

6. 合理用典

在直播中运用历史故事尤其是历史典故，能够让直播变得更加出彩。所采用的历史人物或者故事也大都是家喻户晓或者知名度比较高的，因而推广起来不会有难度。尤其是在视频广告之中，历史人物或者故事的运用更是不胜枚举。运用历史来推广或宣传某品牌能起到"水中着盐，饮水乃知盐味"的效果。

撰写写作在直播标题时，恰当地运用历史，能使主播所讲的言论都有历史根据，这样一来，更增强了主播的可信度。

在直播标题中恰当地应用典故，能让标题十分具有说服力和引人注目，并且人们都爱听故事、看故事。虽然直播标题里面的典故都是人们已经很熟悉的了，但又有所创新，因此可以再次吸引用户的目光。另外，要想把典故与直播销售的产品更好地结合起来，首先还是应该学会怎样选择典故。

主播在撰写标题时，恰当引用合适的典故，能够使标题更富有历史趣味性，用户在咀嚼历史的时候，又能从中得出更多的内涵。值得注意的是，在直播标题中出现的历史典故应当是大部分人都耳熟能详的，这样才能起到大面积推广和传播的作用和效果。

7. 灵活运用

"灵活运用"并不是直接引用别人的话语、对别人的东西照抄照搬，或者强行引用名家诗句或典故。将根本没有关联的两个事物硬要凑到一起反而会惹来不少笑话。在历史上像这种生搬硬套的事情数不胜数，如"东施效颦""照猫画虎""削足适履"等，所说的都是对别人的东西照抄照搬，不切合自身实际。

在撰写直播标题时，主播不能将与文案内容毫无联系的名家诗词或者典故，直接套用到文案标题中。如果直接套用毫无联系的诗词典故，只会让用户觉得主播的水平及知识涵养都很低，同时也会造成牛头不对马嘴的情况。

主播在引用诗词典故的时候，就应当注意正确引用。不论是引用的诗词，还是典故，都要切记要与直播所讲的内容有联系。

8. 多种引用

在引用诗词典故时，引用方法并不是单一的。主播在撰写引用诗词典故的直播标题的时候，要学会用多种方式，使自己的标题形式更加多样化，也能让直播达到更好的效果。

第 10 章

内容策划：
8 个技巧打造高人气直播

学前提示　　运营者和主播要想让自己的直播内容更具吸引力，就需要进行内容策划，打造用户需要的内容。本章笔者就来为大家介绍 8 个内容策划方法，帮助大家打造高人气直播。

要点展示
- 直播形式：选择适合的内容模式
- 贴近粉丝，提升直播转化的能力
- 内容特质：利用差异化的运营模式
- 脚本策划：做好直播的脚本内容
- 节奏控制：带动观众，与粉丝关系更融洽
- 会讲故事：让直播间的粉丝产生共鸣
- 情绪管理：保持良好的直播状态
- 灌输价值：让粉丝产生崇拜之感

直播形式：选择适合的内容模式

不同的带货模式达到的效果也不同，因此商家和主播在进行直播带货之前，需要先选择合适的带货模式。纵观各大短视频平台，其中比较常见的直播模式主要有 5 种，接下来笔者就来分别进行解读。

1. 品牌直播模式

品牌直播模式就是针对单个品牌进行的直播，用以销售本品牌旗下的产品。如图 10-1 所示为某品牌的直播画面。

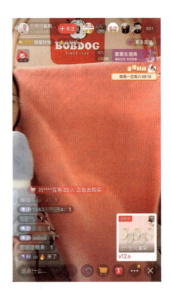

图 10-1　某品牌的直播画面

因为这种模式通常只销售一种品牌的产品，所以进行直播的通常都是品牌的官方账号或品牌授权账号的运营者。相比于其他直播模式，品牌直播因为是品牌官方账号或授权账号运营者进行的直播，所以销售的产品基本都是正品，产品的质量比较有保障。再加上在直播中通常会给出一定的优惠，因此这种直播模式通常能快速吸引一批用户的关注。

2. 达人直播模式

达人直播模式就是在达人账号上进行的直播。许多短视频运营者经过一段时间之后积累了大量粉丝，于是开始通过直播进行变现。通常来说，达人直播模式可以分为两种，一种是主播自己选品进行直播；另一种是和品牌方合作，销售对应品牌的产品获取佣金。

如图 10-2 所示为某短视频运营者进行的一场直播。该短视频账号运营者经过较长时间的运营之后，积累了 4000 多万粉丝，所以其直播快速吸引了大量用户的关注，可以看到该场直播的点赞量超过了 900 万。再加上该短视频运营者是与部分品牌方合作进行直播的，产品的价格也比较优惠，因此其直播的销量自然就比较有保障了。

图 10-2　某达人的直播画面

由此不难看出，达人直播模式的优势主要体现在 3 个方面，具体如下。

①进行直播的短视频运营者已经积累了大量的粉丝，所以一开播便能吸引许多用户的关注。

②当主播与品牌方直接合作时，都是直接从品牌方的仓库中直接出货，因此产品的质量通常比较有保障。

③品牌方和这类短视频运营者合作时，在产品的价格上通常会给出一定的优惠，所以主播销售的产品在价格上一般会具有一定的优势。

当然，一个短视频运营者要想成为一个拥有较大影响力的带货达人，还得重点做好一件事，那就是积累大量粉丝，让更多人愿意关注你、信任你。

3. 秒杀特价模式

秒杀特价模式就是通过秒杀、打特价的方式，以相对优惠的价格进行产品销售，利用价格的优势来吸引用户的关注，并引导用户购买产品。通常来说，秒杀特价模式的直播，在直播封面上会写上"秒杀""特价""限时优惠"等显示产品价格优惠的词汇，如图 10-3 所示。

图 10-3　直播封面写上了显示产品价格优惠的词汇

　　另外，在通过秒杀特价模式进行带货的直播间中，通常会通过一定的方式显示产品价格的优惠，如直接用纸板写上部分产品的价格，让用户一看价格就被吸引住。并且其销售的产品的价格也是非常优惠的，部分标示价格本就不高的产品，甚至还可以领取优惠券，以更优惠的价格进行购买，如图 10-4 所示。

图 10-4　直播间中显示产品价格的优惠

4. 产地直销模式

产地直销模式就是直接在产品的产地进行直播，并进行产品的销售。这种直播模式的特点就是镜头展示的是产品的生产基地。例如，有的直播会重点展示产品的生产过程，有的会重点展示产品的制作环境。如图 10-5 所示为某水果销售直播的相关画面，可以看到其展示的便是种植基地的环境，很显然这便是通过产地直销模式来进行直播的。

图 10-5　产地直销模式的直播

与其他直播模式相比，产地直销模式的优势主要体现在两个方面，具体如下。

①直接展示产品的生产过程或生长环境，将产品置于直播镜头之下，这既显示出主播对产品的强大信心，又能让用户更加放心地购买产品。

②直接展示产地的相关情况可以让用户更好地看清产品的质量和货存。如果直播镜头中产品的质量过关、货存量足，用户就会更愿意购买。

5. 产品定制模式

产品定制模式就是通过直播展示产品的生产原材料、制作工艺和生产过程等，让用户看到专业的生产过程之后预订产品，从而在此基础上进行产品的定制。通常来说，产品定制类直播都会在直播封面上加入"定制"等字眼，让用户一看就明白直播间的主要业务，如图 10-6 所示。

另外，如果定制产品的原材料比较昂贵，那么直播间中会重点对原材料进行展示。当用户喜欢某个原材料时，便可以通过在直播间评论与主播进行交流，下单预订并支付对应的金额。通常来说，这类直播的购物车中会明确表示产品是定制的，并提醒用户不要私拍，如图 10-7 所示。

图 10-6　直播封面中加入了"定制"等词汇

图 10-7　原材料昂贵的产品需要先预定

与其他直播模式相比，产品定制模式也有其显著的优势，这主要体现在以下两个方面。

①制作完成的成品通常比较具有艺术性，或者外观比较具有美感。因此，许多用户看到成品之后会比较喜欢，这也能从一定程度上刺激用户的购买欲望。

②因为是定制的，所以产品的成品通常都比较具有独特性，有的产品甚至是独一无二的，不会再有同款。因此，定制产品也成为了许多追求独特和品位的用户的重要选择。

贴近粉丝，提升直播转化的能力

TIPS
085

在直播间可以让用户直接观看产品，在主播的介绍下了解产品。这种现象打破了常规的网购通过看产品图片来购买产品的局限性，提升了用户的购物体验。

在直播间中，运营者和主播除了需要展示产品的卖点，还需要适当地发挥主播的个人优势，利用一些直播技巧来调节直播间的氛围和互动性，从而增加粉丝的信任和黏性。

1. 提升粉丝活跃度

积累粉丝是一个困难的过程，而激活粉丝更是一个大难题。因为有些粉丝可能是偶然或者一时兴起点了关注。大多数粉丝在关注之后，就进入了"沉睡"状态，此时这些粉丝也就变成了无效流量。

为了避免失去这类粉丝，主播就需要学会提高他们的活跃度。那么，如何提高粉丝的活跃度呢？笔者认为，可以重点把握好如下 3 点。

（1）价值输出

主播能在直播中提供有价值的内容，是激活粉丝的关键。只有当粉丝在主播身上找到了所需要的价值，才能激发粉丝一直关注主播的动态。例如，服装销售主播可以提高自己的穿搭技术，同时了解不同身材体型的搭配技巧，并将技巧教授给粉丝。

（2）利益唤醒

主播可以适当向粉丝提供一些利益，让粉丝能免费获得一些好处，毕竟每个人都非常愿意什么都不做就获得一定的好处。所以，利益驱动是提高粉丝活跃度的重要手段。例如，主播可以在直播间举行不定期的促销活动、发放免费红包或者免费赠送礼物等。如图 10-8 所示为直播间的促销活动和发红包活动。

虽然主播在直播间向粉丝发送福利是激活粉丝活跃度的有效办法，但也要注意福利发放的频率，如果太过频繁，主播很容易无法把控局面。

图 10-8　直播间的利益提醒方式

（3）保持互动

互动是提高粉丝活跃度的重要途径。当主播积极回应粉丝的信息时，可以立马拉近和粉丝之间的距离。就像在微博上，当粉丝在博主微博下留的评论被博主回复时，该粉丝就会觉得受到了博主的重视，同时也感觉自己与博主之间的距离拉近了。

主播不要放弃和粉丝对话沟通的机会，因为粉丝都是渴望对话的。主播在直播中可以和粉丝分享自己的生活、回复粉丝的问题，适当向粉丝寻求帮助，这些都可以让双方之间的感情更加深入。

2. 提高粉丝亲密度

粉丝亲密度是指粉丝和主播之间互动的频率指数，能有效地积累和转化粉丝，可以有效增加主播和粉丝之间的互动。当粉丝进入某一个主播的直播间后，可以通过完成不同的直播间任务来获取和主播的亲密度数值。当亲密度指数达到规定的要求后，就可以升级为不同等级的主播粉丝。如图 10-9 所示为粉丝亲密度的等级数据。

对于粉丝来说，获得的亲密度积分越多，自己在这个主播粉丝里的等级就越高，粉丝亲密度指数提高后，粉丝可以享受直播间里的产品的权益也就越大。

对应等级	等级数置	分值区间
新粉	★★★	0~499
铁粉	★★★★	500~1499
钻粉	★★★★★	1500~14999
挚爱粉	★★★★★★	15000+

图 10-9　粉丝亲密度等级数据

　　主播可以自行设置粉丝亲密度的规则，当粉丝满足这些规则后，粉丝就能提高和主播之间的亲密度。这种设定有点像实体店铺的会员折扣，让经常关注店铺的粉丝获得一定的优惠。

　　这样可以促使粉丝为了一直得到优惠而更加地关注店铺动态，相当于一个良性循环。主播可以通过设置"每日任务"，让进入直播间的粉丝去完成，就可以提高粉丝的亲密度。如图 10-10 所示为主播设置的部分亲密度规则。

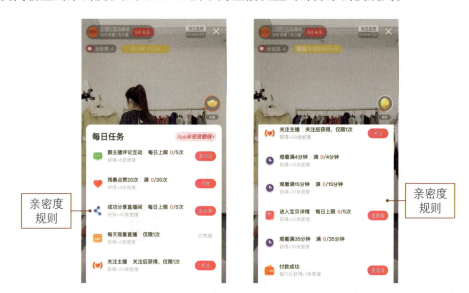

图 10-10　亲密度规则

3. 构建让粉丝"眼见为实"的场景

　　随着更多的人进入服装直播行业，店铺和店铺之间、主播和主播之间的竞争也在加强。主播如果想让自己的直播间能够脱颖而出，最好建立起让粉丝能"眼见为实"的购物场景。

　　这种场景可以满足顾客想全面了解产品的想法。除此之外，主播可以在这种场景下利用一些销售技巧来获取粉丝的信任，让粉丝可以放心下单购买。在直播销售时，主播需要掌握以下 4 点技巧。

　　（1）推荐产品时要有信心

　　主播在直播过程中向粉丝推荐服装时，应该充满自信地进行介绍，这样能让粉丝对你产生信任感。

　　如果主播在推荐服装的时候，肢体语言没有表现出对自己的自信、对产品的自信，那么就很难让粉丝对产品产生信任，粉丝自然也不会想去了解和购买主播推荐的这款服装。

如图 10-11 所示为两个销售运动鞋的直播的相关画面。可以看到，在左侧的直播间中，主播只是将货柜进行了展示，自己没有露脸，也没有对产品进行讲解。在用户看来，这是主播对自身形象和产品没有自信的反映；而在右侧的直播间中，主播则根据用户的评论，对相关的款式进行了试穿和展示，这也显示了主播对于产品的信心。很显然，从直播的肢体状态来看，右侧直播间中的主播更让用户有好感。

（2）推荐产品时要用手势配合

主播在推荐服装的时候，可以适当地配合一点肢体语言，不仅可以使自己在介绍服装时形式更丰富，也可以吸引观众和粉丝的注意力，让他们更加集中地观看主播进行产品介绍。

图 10-11　主播在直播时呈现的状态会影响粉丝的想法

（3）着重强调服装的不同特征

主播在向观众和粉丝介绍服装时，可以注重强调服装的不同特征，通过这种强调法，让顾客对服装的款式、设计产生印象，从而愿意了解这款服饰，或者想购买这款服饰。

（4）把话题集中在服装产品上

作为服装销售主播，在直播间面对自己的观众、粉丝时，可以通过粉丝发送的弹幕进行实时的聊天、沟通。这时，主播应该把话题集中在服装产品上，这样可以让自己的形象更加专业，也能保证直播时大家专注的氛围。

内容特质：利用差异化的运营模式

内容永远都是用户关注的重点之一。运营者如果能够提供优质的直播内容，就能吸引更多用户和流量。那么，什么才是优质的直播内容呢？笔者认为，优质的直播内容通常需要从以下两个特质体现差异性。

1. 情感特质

加入情感特质容易引起人们的情感共鸣，能够唤起人们心中相同的情感经历，并得到广泛认可。主播如果能利用这种特殊的情感属性，那么将会得到更多用户的追捧和认同。

运营者可以在标题中加入表达情感的词汇，并在进行直播时利用感情让用户产生共鸣。例如，主播可以通过介绍自己的经历，拉近与用户之间的距离。这种情感融入不仅能让用户产生共鸣，还会增强彼此的亲近程度及信任程度。

2. 粉丝特质

"粉丝"这个名词相信大家都不陌生，那么"粉丝经济"呢？作为互联网营销中的一个热门词汇，它向我们展示了粉丝支撑起来的强大的 IP 营销力量。用好"粉丝经济"不仅能增强运营者的影响力和推广力，还能将粉丝的力量转变为实实在在的购买力，提高直播的变现能力。

脚本策划：做好直播的脚本内容

运营者如果想提高直播的成功率，增强直播的带货效果，那么就很有必要策划直播脚本。在正式开始直播之前，运营者需要策划直播脚本，做好各方面的策划。那么，为什么要策划脚本呢？策划直播脚本有 3 个方面的目的，如图 10-12 所示。

策划直播脚本的 3 个目的	梳理流程，让直播有条不紊地进行
	管理相关人员，为各部门的工作提供指导
	便于总结经验，为以后的直播提供借鉴

图 10-12　策划直播脚本的 3 个目的

要想直播达到预期的目的，还得重点做好直播脚本内容的策划。接下来笔者就通过直播脚本策划的内容和模板的解读，帮助大家更好地进行直播脚本的策划。

1. 直播脚本策划的内容

直播脚本一般包含 9 个方面的内容，即目标、类型、简介（主要内容）、人员安排、时间、主题、流程细节、推广分享及总结。它们的具体内容分别如下。

（1）目标

要明确要达到的目标是什么，这个目标要尽可能具体、量化，只有这样你才会有方向和动力。比如，观看人数、转化率和成交额等。

（2）类型

确定直播的类型可以根据自己的爱好或者特长来选择。类型的确定实际上就是锁定目标用户群体，从而更好地形成自己的风格和特色。

（3）简介

简介是对核心内容进行提炼和概括，让用户一眼就能明白和了解直播的大概内容。

（4）人员安排

直播包含的环节比较多，一个人要完成一场直播是比较困难的。所以这时候就需要组建专门的运营团队，安排人员来协助完成各项工作，这样才能集众人的力量把直播做得更好。

（5）时间

确定时间是直播脚本的一个重要组成部分。直播的时间安排，需要根据相关人员的时间安排来定。毕竟，只有在相关人员都有时间的情况下，才能保证直播的顺利进行。另外，直播时间还需要迎合粉丝群体的生活习惯和需求。例如，周一至周五，这段时间绝大部分人白天都在工作或者读书，所以直播最好选择在晚上进行；而星期六或星期天，则下午或者晚上都可以直播。合理地选择直播时间能够增加直播的观看人数。

确定好时间之后一定要严格地执行，尽量使时间段固定下来，这样能够将策划好的脚本内容落到实处，提高工作效率。

（6）主题

主题本质上就是告诉用户做直播的目的是什么，明确主题能够保证内容的方向不会跑偏。主题可以从不同的角度来确定，比如产品的效果展示、功能特色、优惠福利或者方法技巧教程等，需要注意的是主题要足够清晰。

（7）流程细节

流程细节就是指所有的步骤和环节，都有对应的细节和时间节点可以把控。

（8）推广分享

直播的推广分享是必不可少的。通过推广分享，可以吸引更多用户观看直播，从而有效地提高直播的热度。

（9）总结

直播结束之后，运营者要对整个过程进行回顾，总结经验和教训，发现其中存在的问题和不足，对于一些好的方法和措施要保留和继承，以此来不断地完善和改进自己的工作。

2. 直播脚本策划模板

前面笔者提到了直播流程的细节，那么一个完整的直播脚本策划究竟应该有哪些环节和步骤呢？下面笔者以某直播为例，为大家介绍直播带货的脚本策划模板，帮助大家策划好直播脚本。

（1）直播主题

直播的主题可以体现在直播的标题上。某直播的主题为"微胖妹妹夏季显瘦穿搭"，所以便可将该主题作为直播的标题。

（2）主播及介绍

此次直播的主题是"微胖女生穿搭"，主播是品牌主理人、时尚博主、模特。

（3）直播时间

2020 年 9 月 5 日 14 点到 18 点。

（4）直播流程

该直播的流程一共分为 12 个步骤，具体内容如下。

①前期准备。直播开始之前的前期准备工作包括：直播宣传、明确目标、人员分工、设备检查和产品梳理等。

②开场预热。14:00—14:15：先与观看直播的用户适当互动，并进行自我介绍等。

③品牌介绍。14:15—14:30：强调关注店铺和预约店铺。

④直播活动介绍。14:30—15:00：直播福利、简介流程和诱惑性引导。

⑤产品讲解。15:00—16:00：从外到内，从宏观到微观，语言生动、真实。

⑥产品测评。16:00—16:30：从用户的角度 360 度全方位介绍产品。

⑦产品性观众互动。16:30—17:00：为用户进行案例讲解、故事分享、疑问解答等。

⑧试用分享、全方位分析。17:00—17:15：客观评价，有利有弊，切忌夸夸其谈。

⑨抽取奖品。17:15—17:30：抽奖互动，穿插用户问答。

⑩活动总结。17:30—17:45：再次强调品牌、活动及自我调性。

⑪结束语。17:45—18:00：准备下播，引导关注，预告下次直播内容和开播时间。

⑫复盘。直播结束之后，运营者要对整个过程及时进行复盘，发现问题、调整脚本、优化不足等。

以上就是直播脚本策划的整个流程和步骤。制订一份详细、清晰和可执行的脚本，还要考虑各种突发状况的应对方案，这样才能更好地保证直播的顺利进行和达到预期的带货效果。

需要注意的是，直播脚本的内容并不是一成不变的，只有不断地优化和调整直播脚本，才能对直播的操作更加游刃有余。一份出色的脚本是直播取得不错效果的必要条件，可以让你的直播有质的提升和飞越。

节奏控制：带动观众，与粉丝关系更融洽

因为一场直播的时间通常比较长，主播很难让直播间一直处于"高潮"状态，但是，如果直播一直冷场，又留不住用户。所以，在直播的过程中，主播要把握好直播的节奏，让直播张弛有度。只有这样，才能增加用户的停留时间，让更多用户购买你的产品。

一个优秀的主播，一定会给大家放松的时刻。那么，如何在带货直播中营造轻松的时刻呢？比如，主播可以在讲解产品的间隙，通过给用户唱歌或发起话题讨论等，为用户营造出一种宾至如归的感觉。

会讲故事：让直播间的粉丝产生共鸣

现在的直播销售行业有一点恶性竞争的苗头，为了更好地吸引粉丝的注意，使粉丝下单购买产品，商家和主播都开始通过降低产品价格来争抢粉丝。

若粉丝在直播间向主播提出疑问："为什么你卖的产品价格比别人高？"主播要怎么解决才好呢？这时，主播就可以通过"讲故事"来解决这种问题。在"讲故事"的过程中，让粉丝自己感同身受，自己理解这个道理，潜移默化地打动顾客和粉丝的心。

如何"讲故事"？首先应该从自己的亲身经历入手。想给粉丝讲一个好"故事"，必须有一个吸引人的开头。如果直接讲自己的想法，不做一点铺垫，只怕没什么人能听得下去。然后引入问题，主播可以讲现在直播行业的一个现状，让粉丝一起来分析这个现状可能会造成的结果，使粉丝觉得这些和自己是有密切关系的，很可能造成自己的利益受损。

例如，在服装直播里，主播采取的压价行为，虽然暂时让用户用便宜的价格买到了产品，但其实最后利益受损的还是粉丝。

因为当大家都在压价，随之带来的后果就是商家需要节约成本，而想要达到节约成本的目的，就只能从产品的材料上想办法。那么就表示顾客之后再想购买同款产品，收到的产品质量可能会有所下降。

当主播把"故事"讲出来后，就需要再把"故事"演出来，从而让粉丝产生共鸣，不是单纯地把"故事"讲出来。而是要在直播中，不断地向粉丝传递一个信息：我的直播间，卖的产品就是价位较贵的，但是贵是因为产品值得这个价位，同时也能给你好的穿着效果，是为你着想。

在日积月累的影响中，你就会给粉丝树立一个理念，这个主播在直播间卖的东西，都是值得购买的好东西！贵不贵不重要，重要的是质量好、耐穿。

到这一步，可以看出，主播想向粉丝传递自己的理念，不能每天都采取一种形式去向粉丝强调自己的产品虽然贵，但是性价比高。必须注意形式的丰富性，不仅要会"讲故事"，也要会"演故事"。

同时，主播在表达自己观点的时候，最好加上一些和粉丝日常生活贴近的有类比性的例子，只有这样才能让粉丝在对你的观点产生共鸣后，迅速引起对观点的认可。

情绪管理：保持良好的直播状态

直播销售主播实际上就是产品推销员，作为一个直播产品推销员，获得直播的流量，从而提高直播间产品的转化率非常关键。

如果不能提高直播间的转化率，就算主播每天夜以继日地开播，也很难得到满意的结果。主播的情绪对于转化率的提高是非常重要的。主播要明白，直播销售决定了它不是一个娱乐性质的工作，只有可以带货的主播才是这个行业需要的主播。

要想成为大主播，先得让自己成为一个优秀的推销员。在给用户讲解产品的时候，要学会声情并茂，全程保持亢奋，而不是冷冷淡淡、面无表情的。要明白，主播的情绪是会影响产品转化率的，没有好情绪，就不会有高的转化率。

在直播时，主播需要时刻展现出积极向上的状态，让自己尽可能地保持亢奋的情绪，这样可以感染每一个进入直播间的用户，同时也利于树立起主播的优质形象。

如果主播自己的状态低沉、情绪不佳，就很难吸引正在观看直播的用户来购买自己推荐的产品，甚至使得这些用户退出直播间，进入其他的直播间观看直播。主播的这种行为无疑是在减少自己的用户数量。

另外，主播也可以根据不同类型的用户进行情绪的管理。了解那些进入直播间观看直播的用户类型，学会根据不同的用户类型，有针对性地进行沟通和互动，这样可以更加迅速地得到想要的效果。如图 10-13 所示为进入直播间的用户类型。

用户类型	
	铁杆粉丝：发自内心地维护主播，同时自己也会主动在直播间营造氛围
	购物者：注重自我的需求，在直播间更倾向于关心产品的质量和价格
	娱乐者：忠诚度和购买力较低，部分人员素质低下，喜欢抬杠、骂人

图 10-13　直播间里的用户类型

在面对自己的铁杆粉丝时，主播的情绪管理可以不用太苛刻，适当地和他们表达自己的烦恼，宣泄一点压力反而会更好地拉近和他们之间的关系。

至于消费者类型的用户，由于他们一般是以自我需求为出发点的，很少会看重主播的人设或其他，只关心产品和价格。面对这种类型的用户，主播需要展现出积极主动的情绪，解决他们的疑惑，同时要诚恳地介绍产品。

主播在面对娱乐者类型的用户时，会出现部分素质较低的用户，他们可能以宣泄自己的负面情绪为主，会在直播间和主播抬杠，并且以此为乐。这时，主播如果进行情绪管理，对他们表示忍让是没有意义的，可以在向其用户表示歉意后，请场控帮忙处理。

灌输价值：让粉丝产生崇拜之感

当主播通过"讲故事"的方式表达自己的理念和观点时，为什么许多用户会有一种"洗脑"的即视感？这是因为一个优秀的主播应该自己可以控制整场直播的节奏，让用户跟随自己的节奏走，同时，向用户灌输自己的价值观。

主播通过一系列的价值观输送，可以向用户传达一个信息：你可以说我卖的产品贵，但是你会明白它为什么贵，它贵是因为它值得，并且从性价比的角度来看，它甚至是超值的。这样一来，用户在观看直播的过程中，自然就会觉得主播推荐的产品物有所值，也更愿意购买主播推荐的产品。

第 **11** 章

销售语言：
8 个技巧让直播间嗨翻天

学前提示

出色的主播都拥有强大的语言销售能力，有的主播会多种语言，让直播间妙趣横生；有的主播段子张口就来，让直播间多姿多彩。

那么，如何提高语言能力、提升直播的热度呢？本章就来为大家介绍 8 个简单、有效的语言销售技巧。

要点展示

· 语言能力：确保用户的观看体验

· 幽默技巧：制造轻松的直播氛围

· 语言销售：提高直播变现的能力

· 应对提问：加强直播间的互动性

· 乐观积极：保持良好的直播心态

· 换位思考：直播时多为他人着想

· 把握尺度：说话要懂得适可而止

· 活跃留言区：巩固粉丝的稳定性

语言能力：确保用户的观看体验

　　直播的特点之一是具有强互动性，因此在直播间中，主播的语言表达能力对直播的影响重大，那么如何培养、提高语言表达能力呢？本节将为大家简要介绍提高语言表达能力的方法。

　　首先，我们需要提高个人的语言能力。一个人的语言表达能力在一定程度上体现了这个人的情商。我们可以从以下几个方面提高个人的语言能力。

1. 注意语句表达

　　在语句的表达上，主播需要注意话语的停顿，把握好节奏。首先，语言表达应该连贯，让人听着自然、流畅。如果不够清晰，可能会在用户接收信息时造成误解。其次，主播可以在规范用语上发展个人特色，形成个性化与规范化的统一。

　　总体来说，主播的语言表达需要具备规范性、分寸感、感染性和亲切感，具体分析如图 11-1 所示。

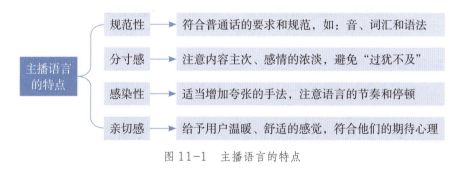

图 11-1　主播语言的特点

2. 自身知识积累

　　主播可以要注重提高自身的修养，多阅读，增加知识的积累。大量的阅读可以增加一个人的逻辑能力，以及语言组织能力，进而帮助主播更好地进行语言表达。

3. 进行有效倾听

　　倾听是一个人的美好品质之一，同时也是主播必须具备的素质。和用户聊天谈心，除了会说，还要懂得用心聆听。在主播和用户交流沟通的互动过程中，虽然表面上看来是主播占主导，但实际上是以用户为主。用户愿意看直播的原因就在于能与自己感兴趣的人进行互动，主播要想了解用户关心什么、想要讨论什么话题，就一定要认真倾听用户的心声和反馈。

4. 结合肢体语言

　　主播可以借助动作、表情进行辅助表达，尤其是眼神的交流，而夸张的动作可以使语言更显张力。如图 11-2 所示为某直播的相关画面，可以看到，该直播中主播的肢体语言是比较丰富的。

图 11-2　肢体动作丰富的直播

5. 注意把握时机

良好的语言能力需要主播挑对说话的时机。每一个主播在表达自己的见解之前，都必须要把握好用户的心理状态。

比如，对方是否愿意接受这个信息？或者对方是否准备听你讲这个事情？如果主播丝毫不顾及用户心里怎么想，不会把握说话的时机，那么只会事倍功半，甚至做无用功。但只要选择好了时机，那么让用户接受你的意见还是很容易的。

比如，如果一个电商主播在购物节的时候跟用户推销自己的产品，并承诺给用户折扣，那么用户在这个时候应该会对产品感兴趣，并且会趁着购物节的热潮毫不犹豫地买买买。总之，把握好时机是培养主播语言能力的重要因素之一，只有选对时机，才能让用户接受你的意见，对你讲的内容感兴趣。

TIPS
093

幽默技巧：制造轻松的直播氛围

在这个人人"看脸"的时代，颜值虽然已经成为直播界的一大风向标，但想要成为直播界的大咖级人物，光靠脸和身材是远远不够的。

有人说，语言的最高境界就是幽默。拥有幽默口才的人会让人觉得很风趣，还能折射出一个人的内涵和修养。所以，一个专业主播的养成，也必然少不了幽默技巧。那么，如何提高幽默技巧呢？笔者认为，主播们可以重点做好如下 4 个方面的工作。

1.收集素材

善于利用幽默技巧，是一个专业主播的成长必修课。提高幽默感的第一步就是收集幽默素材，然后合理运用，先模仿再创新。

首先，主播可以利用生活中收集的幽默素材，培养自己的幽默感。先通过观看他人的幽默段子，以及热门的"梗"，再到直播间进行模仿，或者利用故事讲述出来，让用户感受你的幽默感。用户都喜欢听故事，而在故事中穿插幽默的表达则会让用户更加全神贯注，将身心都投入到主播的讲述之中。

幽默也是一种艺术，艺术来源于生活而高于生活，幽默也是如此。生活中很多幽默故事就是由生活的片段和情节改编而来的。

2.抓住矛盾

当一名主播有了一定的阅历，对自己的粉丝也比较熟悉，知道对方喜欢什么或者讨厌什么之后，那么就可以适当地"攻击"他讨厌的事物，以达到幽默的效果。

比如，他讨厌公司的食堂，认为那儿的饭菜实在难以下咽，那么主播就可以这样说："那天我买了个包子，从里面吃出了几颗沙子。"抓住事物的主要矛盾，这样才能摩擦出不一样的火花。主播在抓住矛盾、培养幽默技巧的时候，可以把握 6 个要点：积极乐观、与人为善、平等待人、宽容大度、委婉含蓄和把握分寸。

主播在提升自身的幽默技巧时，也不能忘了应该遵守的相关原则，这样才能更好地引导用户，给用户带来高质量的直播。

3.幽默段子

"段子"是相声表演中的一个艺术术语。随着时代的变化，它的含义不断拓展，也多了一些"红段子、冷段子、黑段子"的独特内涵，近几年频繁活跃在互联网的各大社交平台上。

幽默段子作为受人们欢迎的幽默方式之一，也得到了广泛的传播和发扬。微博、综艺节目、朋友圈里将幽默段子运用得出神入化的人比比皆是，这样的幽默方式也赢得了众多粉丝的追捧。

图 11-3　某央视主持人的微博首页

幽默段子是吸引用户注意的绝好方法。主播想要培养幽默技巧，就需要努力学习段子，用段子来征服粉丝。例如，某央视主持人也被称为"国家级段子手"，他在新闻直播间内总是能讲出许多幽默及其他类型的段子，因此吸引了不少粉丝。如图 11-3 所示为该央视主持人的微博主页。

4. 自我嘲讽

讽刺是幽默的一种形式，相声可以说是一种讽刺与幽默相结合的艺术。讽刺和幽默是分不开的，要想学得幽默技巧，就得学会巧妙地讽刺。

讽刺的常见方法就是自黑。主播自黑既能逗粉丝开心，又不会伤了和气。因为粉丝不是亲密的朋友，如果对其进行讽刺或吐槽，很容易引起他们的反感和愤怒。而主播自黑则是粉丝们乐见的。比如，很多主持人为了达到节目效果，经常会进行自黑，逗观众开心。

现在在很多直播中，主播也会通过这种自我嘲讽的方式来将自己"平民化"，逗粉丝开心。自我嘲讽这种方法只要运用得恰当，达到的效果还是相当不错的。当然，主播也要把心态放正，将自黑看成一种娱乐方式，不要太过认真。

例如，某女主播常常会被粉丝对她的身高进行嘲讽，但是她在《脱口秀大会》上幽默地进行自黑，并且还说如果下次看到 15cm 的高跟鞋，不用猜就是她，如图 11-4 所示。

图 11-4　某女主播的自黑

语言销售：提高直播变现的能力

在直播中，主播想要赢得流量，获得用户的关注，就需要把握用户心理，并且投其所好。在本节中，笔者将为大家讲述 5 大方法，提高主播的语言销售能力。

1. 提出问题：直击消费者的痛点、需求点

如何在直播中提出问题呢？以电商直播为例，在介绍之前，主播可以利用场景化的内容，先表达自身的感受和烦恼，与用户聊天，进而引出问题，并且围绕这个问题在直播间制造话题。如图 11-5 所示为蘑菇街购物台的直播，主播全程都围绕着肌肤的问题进行讲解。

图 11-5 围绕"肌肤"问题的蘑菇街直播

2. 放大问题：尽可能放大用户忽略的细节

在提出问题之后，主播还可以将问题尽可能全面地进行放大，让用户看到自己忽略的细节。以防晒产品为例，主播可以将防晒的重要性及不做防晒的危害（如紫外线会加速衰老等）重点进行解读，让用户更加重视防晒。

3. 引入产品：用产品解决前面提出的问题

讲述完问题之后，主播可以引入产品来解决问题，然后介绍解决这些问题的方法。例如，许多身材有些肥胖的女性都想让自己看上去显瘦一些，但是却不知道怎么穿搭。此时，主播便可以通过在直播间展示自己的穿搭方式，引入并推荐

大码服装。如图 11-6 所示为主播进行大码服装引入的直播。

图 11-6　主播进行大码服装引入的直播

除此之外，还可以进行服饰上的推荐，例如，搭配哪些服饰会显瘦，接着进行一些自用的穿搭推荐，或者还可以从运动产品上进行讲解，为用户推荐瑜伽垫、瑜伽球等产品。

4. 提升高度：详细地讲解产品增加附加值

引出产品之后，主播还可以对产品从以下几个角度进行讲解，如图 11-7 所示。

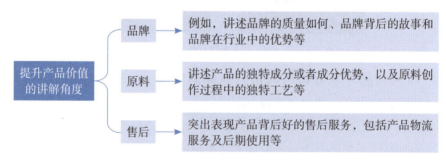

图 11-7　提升产品价值的讲解角度

5. 降低门槛：击破消费者购买的心理防线

提高语言销售能力的最后一个方法是降低门槛，讲完产品的优势后，主播应该为用户提供本次直播中购买产品的福利，或者通过限制数量来制造紧张感，让用户产生消费冲动，在直播间下单。如图 11-8 所示为某直播的相关画面，可以看到，在该直播中主播就是通过较低的价格进行产品的销售，来击破用户购买的心理防线的。

图 11-8　通过低价销售产品，击破消费者购买的心理防线

应对提问：加强直播间的互动性

TIPS
095

随机应变是一名优秀的主播需要具备的能力，因为直播是一种互动性很强的娱乐活动，用户会向主播提出各种各样的问题，对于这些问题，主播要在脑海中快速找到应对的话术。

如果用户问的是关于主播年龄、真实姓名、兴趣爱好等隐私类的问题，那么主播可以根据自己的意愿，选择性地进行回答。如果用户问的是关于知识专业类的问题，主播知道的就予以回答，不知道的完全可以大方地表明自己不是很了解，千万不要不懂装懂，撑面子，这样不仅会误导用户，还会降低主播在用户心中的形象地位；反之，大方地承认自己的不足，不仅不会影响用户对主播的看法，反而会觉得主播很诚实。

还有一种情况就是，如果用户将自己遇到的问题和烦恼向主播求助，那么便可向前面笔者提到过的那位主播一样，尽自己所能去帮助每一位用户。如果主播能力有限，还可以发挥众人的力量。

所以，对于新人主播来说，在前期起步阶段就要在直播中不断地锻炼自己的随机应变能力，总结经验话术，这样到后期主播成长起来之后，便可应对自如了。

主播在进行直播之前一定要做好充分准备，特别是要了解产品的相关信息。这样，当用户对产品有疑问时，主播便可以快速进行解答，从而很好地消除用户的疑虑。如图 11-9 所示为某服装销售直播间的相关画面，可以看到，在该直播间中部分用户便针对服装的相关信息进行了提问。

图 11-9　用户针对产品信息进行提问

另外，用户提的问题如果涉及当下社会热点事件和时事，主播一定要谨言慎行，充分思考之后再做回答。如果是正面积极的事件，那就予以肯定和提倡；如果是负面敏感的新闻，则不要发表任何观点或看法，要想办法转移话题。

乐观积极：保持良好的直播心态

在现实生活中，有一些喜欢抬杠的人，因为在网络上，他们披上了"马甲"，所以会"畅所欲言"地进行各种吐槽。对于这些喜欢吐槽，甚至是语言中带有恶意的人，作为一个主播一定要保持良好的心态。千万不能因为这些人的不善而与其互喷，否则，许多用户可能会成为你的黑粉，来寻求其自身的存在感，以及在你身上发泄自己的不满。

在面对个别用户带有恶意的弹幕时，不与其互喷，而是以良好的心态进行处理，也是一种有素质的表现。这种素质有时候也能让你成功获取其他用户的关注及赞赏。那么，要如何处理用户的吐槽呢？下面笔者就给大家提供两种方案。

（1）用幽默的回复面对吐槽

在回复用户弹幕评论时，让用户感受到你的幽默感。例如，在某短视频中出境的女性长得不是很好看，所以，许多用户在评论区吐槽，让出境的女性戴面纱遮住脸。看到这些评论时，该出境的主播不仅不生气，反而用比较幽默的表达积极进行回复。许多原本带有恶意的用户，在看到其回复之后，也不禁生出了一些好感，如图 11-10 所示。在

图 11-10　用幽默的表达来回复吐槽

直播的过程中，主播也可以采用同样的方法，通过幽默的表达来回复用户的吐槽。

（2）对于恶意的吐槽，直接选择不回复，避免造成语言上的冲突

在直播的弹幕中，偶尔会看到部分用户带有恶意的评论，很多主播在看到这些评论之后，并未理会，而是继续直播。如图 11-11 所示为某徒步直播的相关界面，可以看到在该直播中便有部分用户吐槽主播是假徒步。对于这些用户的恶意吐槽，该主播便选择了直接不回复。

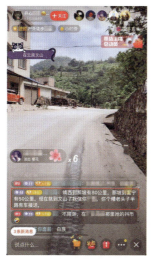

图 11-11　忽略直播间的恶意吐槽

在实际操作时，主播也可以将这两种方案结合使用。例如，当吐槽比较多时，主播可以用幽默的表达回复排在前面的几个弹幕。而那些排在后面的弹幕，或者带有明显恶意的弹幕信息，直接选择不回复就好了。

换位思考：直播时多为他人着想

用户进行个人建议的表达时，主播可以站在用户的角度，进行换位思考，这样更容易了解回馈信息的用户的感受。

主播可以通过学习和察言观色来提升自己的思想和阅历，此外，察言观色的前提是心思细腻，主播可以细致地观察直播时及线下互动时用户的态度，并且进行思考、总结，用心去感受用户的态度，做到为他人着想。为他人着想可以体现在以下几个方面，如图 11-12 所示。

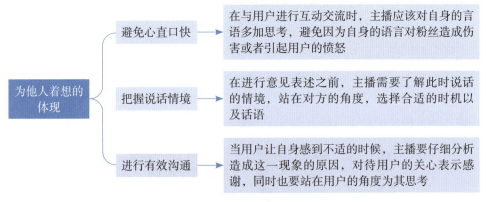

图 11-12　为他人着想的体现

把握尺度：说话要懂得适可而止

在直播聊天的过程中，主播要注意把握好度，懂得适可而止。例如，在开玩笑的时候，注意不要过度。许多主播就是因为开玩笑过度而遭到封杀。因此，懂得适可而止在直播中也是非常重要的。

还有一些主播为了火，故意蹭一些热度。例如为引起用户的热议，增加自身的热度，在地震的时候"玩梗"或者发表一些负能量的话题，结果反而遭到群众的愤怒抑制，最后遭到禁播。

如果在直播中，主播不小心说错话，激怒了用户，主播应该及时向用户道歉。例如，口红王子在与某女明星进行直播时，不小心说错话，所以直播结束后就在微博上向用户及某女明星进行了道歉。

活跃留言区：巩固粉丝的稳定性

打造活跃的评论区主要有两个方面的作用，一是增加与粉丝的沟通，做好粉丝的维护，从而更好地巩固粉丝的稳定性；二是随着评论数量的增加，主播的热度也将随之而增加。这样一来，主播将获得更多的流量，而直播的营销效果也会更好。本节介绍 5 种方法打造活跃的直播评论区。

1. 选择合适的内容引发观众讨论

许多直播用户之所以会对直播进行评论，主要就是因为他（她）对直播中的相关内容有话要说。针对这一点，直播运营者可以在打造直播时，尽可能地选择一些能够引起用户讨论的内容。这样做出来的直播自然会有直播用户感兴趣的点，而直播用户参与评论的积极性也会要更高一些。

以化妆品的短视频为例，许多人的皮肤都存在闭口、痘痘、黑眼球和眼袋等问题，于是部分运营者据此打造了短视频内容，促使有过皮肤困扰的用户观看短视频，并进行评论，如图 11-13 所示。同样，这类分享在化妆品的直播中也适用。

爱情自古以来就是一个能够引起人们广泛关注的话题，每个人都有自己的爱情观，同时，每个人也希望收获到自己梦想中的爱情。但是，现实与梦想之间却存在着一些差距，现实中的很多爱情并非那么

图 11-13　评论区用户的讨论

美好。比如，有的人在爱情中太过偏执、控制欲太强，甚至爱得太过疯狂。于是部分短视频运营者据此打造了相关的短视频。

因为每个用户对于爱情都有自己的看法，再加上看完直播之后，心中有一些感触，因此他们会纷纷发表评论。

2. 引导粉丝主动评论

在直播平台中，有一部分人在看直播时会觉得打字有些麻烦。除非是看到了自己感兴趣的话题，否则他们可能没有心情，也没有时间对直播进行评论。为了更好地吸引这部分粉丝积极主动地进行评论，运营者和主播可以在直播中设置一些粉丝比较感兴趣的互动话题。

主播可以以日常生活中不经意间经历的一些痛（如脚趾不小心踢到了坚硬的物体）为话题打造了一个直播。因为这种不经意的痛大多数人在日常生活中都经历过，甚至直播中展示的几种不经意的痛，直播间的部分用户全部都经历了。看到这个话题之后，许多粉丝会主动在评论区发表自己的意见。

其实每个人都是有表达需求的，只是许多人认为，如果涉及的话题自己不感兴趣，或者话题对于自己来说意义不大，那么就没有必要花时间和精力去表达自己的意见了。因此，直播运营者如果想让直播间的用户积极地进行表达，就需要通过话题的设置先勾起粉丝的表达兴趣。

3. 不同的内容引发粉丝共鸣

做内容运营的运营者和主播必须懂得一个道理，那就是每种内容能够吸引到的粉丝是不同的。同样是歌曲，那些阳春白雪的歌曲能够听懂的人很少，注定会曲高和寡；而那些下里巴人的歌曲，虽然通俗，但是却能获得更多人的应和。

其实，在做直播内容时也是同样的道理。如果主播做的是专业的、市场关注度不高的内容，那么做出来的直播，有兴趣看的人都很少，而观看直播的人就更少了。相反的，如果直播做的是粉丝普遍关注的，并且是参与门槛低的内容，那么那些有共鸣的粉丝，自然而然就会点击观看直播并进行评论。

因此，直播运营者如果想让直播获得更多的评论，可以从内容的选择上下手，重点选择一些参与门槛低的内容，通过引发粉丝的共鸣来保障直播的评论量。

减肥是人们普遍关注的一个话题，而且许多粉丝也有减肥计划，或者正在减肥，所以主播可以对自己的减肥经历进行分享和展示。

4. 提问方式吸引观众

相比于陈述句，疑问句通常更容易获得回应。这主要是因为陈述句只是一种陈述，其中并没有设计参与环节。而疑问句则把问题抛给了粉丝，这实际上是提醒粉丝参与互动。因此，在直播文案中通过提问的方式进行表达，可以吸引更多粉丝回答问题，从而直接提高评论的量和评论区的活跃度。

可以通过一个提问吸引粉丝回答问题来提高评论区活跃度。例如，主播可以问粉丝："有多少人（是）这样借钱（的）？"之后对借钱前后的态度转变进行展示：借钱时，直播中的人物喜笑颜开，并拱手感谢；而借钱之后，让他还钱时，直播中的人物则一脸怒容。

自古以来，借钱就是一个非常敏感的话题，如果不借，可能会破坏彼此的感情；如果借了，对方又没有按时还，那么让对方还钱又是一件麻烦的事。一旦处理不好，就会造成矛盾。再加上许多人借钱给他人的过程中，有一些不愉快的经历。当运营者和主播就这个话题提问时，许多粉丝就会纷纷发起弹幕，表达自己的态度。

5. 采用场景化的回复

场景化的回复，简单地理解就是结合具体场景做出的回复，或者能够通过回复内容想到具体场景的回复。例如，在通过回复向粉丝介绍某种厨具时，如果把该厨具在什么环境下使用、使用的具体步骤和使用后的效果等内容进行说明，那么回复内容便变得场景化了。

相比于一般的回复，场景化的评论在粉丝心中构建起了具体的场景，所以，直播用户看到回复时，更能清楚地把握产品的具体使用效果。而大多数粉丝对于产品在具体场景中的使用又是比较在意的，因此场景化的回复往往更能吸引粉丝的目光。

第 **12** 章

营销话术：
9 个技巧刺激用户购买欲

学前提示

同样是做直播，有的主播一场直播可以带货上千万，有的主播却一场直播卖不出几件产品。之所以会出现这种差异，其中一个重要原因就是前者懂得通过营销话术引导销售，而后者却连基本的直播带货话术都还没有掌握。

要点展示

· 模板法：快速套用话术模板

· 介绍法：直接表明商品优势

· 赞美法：称赞促使顾客下单

· 强调法：重要的话要说三遍

· 示范法：创造真实场景模式

· 限时法：直接解决顾客的犹豫

· 动作法：增强主播的表达能力

· 问题法：直播卖货常见问题

· 个性法：培养个性化的风格

模板法：快速套用话术模板

在直播的过程中，如果主播能够掌握一些沟通的话术模板，会获得更好的带货、变现效果。这一节笔者就来对 5 种直播通用话术进行分析和展示，帮助大家更好地提升自身的带货和变现能力。

1. 用户进入，表示欢迎

当有用户进入直播间之后，直播的评论区会有显示。运营者也可以通过设置，表达对进入直播间的用户的欢迎，如图 12-1 所示。

图 12-1　设置了直播欢迎词的直播间

除此之外，主播在看到进直播间的用户之后，可以用特定话术对用户表示欢迎。当然，为了避免欢迎话术过于单一，主播可以在分析之后，根据自身和观看直播的用户的特色来制定具体的欢迎话术。具体来说，常见的欢迎话术主要包括以下 4 种。

①结合自身特色。如："欢迎 ××× 来到我的直播间，希望我的歌声能够给您带来愉悦的心情。"

②根据用户的名字。如："欢迎 ××× 的到来，看名字，你是很喜欢玩《××××》游戏吗？真巧，这款游戏我也经常玩！"

③根据用户的账号等级。如："欢迎 ××× 进入直播间，哇，这么高的等级，看来是一位大佬了，求守护呀！"

④表达对忠实粉丝的欢迎。如："欢迎×××回到我的直播间，差不多每场直播都能看到你，感谢一直以来的支持呀！"

2. 用户支持，表示感谢

当用户在直播中购买产品，或者给你刷礼物，支持你时。你可以通过一定的话语对用户表示感谢。

①对购买产品的感谢。如："谢谢大家的支持，×× 不到 1 小时就卖出了 500 件，大家太给力了，爱你们哦！"

②对刷礼物的感谢。如："感谢 ×× 哥的嘉年华，这一下就让对方失去了战斗力，估计以后他都不敢找我 PK 了。×× 哥太厉害了，给你比心！"

3. 通过提问，提高活跃

在直播间向用户提问时，主播要使用更能提高用户积极性的话语。对此，笔者认为，主播可以从两个方面进行思考，具体如下。

①提供多个选项，让用户自己选择。如："接下来，大家是想听我唱歌，还是想看我跳舞呢？"

②让用户更好地参与其中。如："想听我唱歌的打 1，想看我跳舞的打 2，我听大家的安排，好吗？"

4. 引导用户，为你助力

主播要懂得引导用户，根据自身的目的，让用户为你助力。对此，主播可以根据自己的目的，用不同的话术对用户进行引导，具体如下。

①引导购买。如："天啊！果然好东西都很受欢迎，半个小时不到，×× 已经只剩下不到一半的库存了，要买的宝宝抓紧时间下单哦！"

②引导刷礼物。如："我被对方超过了，大家再给力一点，让对方看看我们的真正的实力！"

③引导直播氛围。如："咦！是我的信号断了吗？怎么我的直播评论区一直没有变化呢？喂！大家听不听得到我的声音呀，听到的宝宝请在评论区扣个 1。"

5. 下播之前，传达信号

每场直播都有下播的时候，当直播即将结束时，主播应该通过下播话术向用户传达信号。那么，如何向用户传达下播信号呢？主播可以重点从 3 个方面进行考虑，具体如下。

①感谢陪伴。如："直播马上就要结束了，感谢大家在百忙之中抽出宝贵的

时间来看我的直播。你们就是我直播的动力，是大家的支持让我一直坚持到了现在。期待下次直播还能在看到大家！"

②直播预告。如："这次的直播要接近尾声了，时间太匆匆，还没和大家玩够就要暂时说再见了。喜欢主播的可以明晚 8 点进入我的直播间，到时候我们再一起玩呀！"

③表示祝福。如："时间不早了，主播要下班了。大家好好休息，做个好梦，我们来日再聚！"

介绍法：直接表明商品优势

主播在直播间直播时，可以用一些生动形象、有画面感的话语来介绍产品，从而达到劝说用户购买产品的目的。下面笔者就来对 3 种介绍法进行简单的说明，如图 12-2 所示。

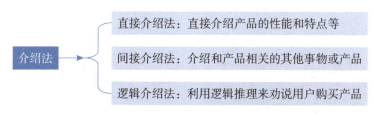

图 12-2　3 种介绍法

1. 直接介绍法

直接介绍法是指主播直接向用户介绍、讲述产品的优势和特色，劝说用户购买产品的一种方法。这种推销方法的优势就是非常节约时间，直接让用户了解产品的优势，省却不必要的询问过程。

如图 12-3 所示为某女鞋销售直播的相关画面。可以看到，该直播是通过直接展示并介绍

图 12-3　通过直接介绍法带货

产品来向用户推荐产品的，这便属于通过直接介绍法进行直播带货。

2. 间接介绍法

间接介绍法是通过向用户介绍和产品本身相关的其他事物来衬托产品的一种方法。例如，如果主播想向用户介绍服装，不直接说产品的质量有多好，而是介绍服装的做工和面料等，让用户觉得产品的质量过硬，这就是间接介绍法。

如图 12-4 所示为某山药销售直播的相关画面。该直播中，主播在向用户推荐山药时，并没有将重点放在展示产品的外观上，而是直接把挖掘山药的过程呈现在镜头中，让用户看到山药挖掘的不易。这便是通过间接介绍法进行带货的直播。

图 12-4　通过间接介绍法带货

3. 逻辑介绍法

逻辑介绍法是通过逻辑推理的方式，说服用户购买产品的一种推销方法。这也是一种线下销售常用的推销手法。

例如，有的主播在推销产品时，可能会说："这件产品也就是几杯奶茶的价钱，几杯奶茶一下就喝完了，但产品购买了之后却可以使用很长一段时间。"这就是一种较为典型的逻辑介绍，这种介绍法的优势就在于说服力很强，会让用户很容易就认同主播的观点。

赞美法：称赞促使顾客下单

　　赞美法是一种常见的推销话语技巧，这是因为每一个人都喜欢被人称赞，喜欢得到他人的赞美。被赞美的人很容易因为心情愉悦而情绪高涨，在这种心情的引导下很容易采取购买行为。

　　三明治赞美法属于赞美法里面比较被人推崇的一种表达方法。它的表达方式是，首先根据对方的表现来称赞他的优点；然后再提出希望对方改变的不足之处；最后重新肯定对方的整体表现。通俗地说，就是先褒奖，然后说实情，再总结好处。如图 12-5 所示为三明治赞美法的表达形式。

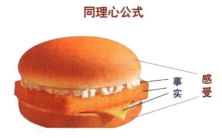

图 12-5　三明治赞美法的同理心表达公式

　　在日常生活和直播中，主播可以通过三明治赞美法来进行销售。例如，当用户担心自己的身材不适合这件裙子时，主播就可以对用户说，这条裙子不挑人，大家都可以穿，虽然你可能有点不适合这款裙子的版型，但是你非常适合这款裙子的风格，不如尝试一下。

强调法：重要的话要说三遍

　　强调法，也就是需要不断地向用户强调这款产品是多么的好，多么的适合用户，通过类似于"重要的话说三遍"的操作，将产品的重要信息不断地告知用户，从而在潜移默化之中达到引导用户下单的目的。

　　当主播想大力推荐一款产品时，就可以不断地强调这款产品的特点，以此营造一种热烈的氛围。在这种氛围下，用户很容易跟随这种情绪，不由自主地就会下单。因此，主播可以在带货时，反复地强调此次直播间产品的优惠力度、产品的质量安全和售后保障，从而促进产品的销售。

　　如图 12-6 所示为某干莲子的销售直播画面。在该直播中，主播将莲子去芯的操作进行了重点展示。对此，主播不妨在展示的过程中，反复强调自己销售的莲子都是人工一个一个去芯的，从而让用户在肯定产品质量的情况下，主动下单。

图 12-6　使用强调法直播销售界面

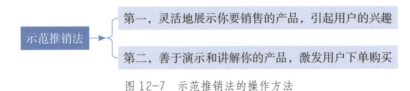

TIPS 104　示范法：创造真实场景模式

　　示范法也叫示范推销法，它要求主播把要推销的产品，展示给用户，从而激起用户的购买欲望。

　　由于直播销售的局限性，使得用户无法亲自摸到产品，这时就可以让主播代替用户来获得对产品的体验。对于用户来说，由于主播相对来说更加了解产品的风格和款式，所以由主播代替自己来体验产品，用户通常也会比较放心。如图 12-7 所示为示范推销法的操作方法。

示范推销法

第一，灵活地展示你要销售的产品，引起用户的兴趣

第二，善于演示和讲解你的产品，激发用户下单购买

图 12-7　示范推销法的操作方法

1. 灵活展示自己的产品

示范推销法是一种日常生活中常见的推销方法，其中涉及的方法和内容较复杂，因为不管是商品的陈列摆放、当场演示，还是主播试用、试穿和试吃产品等，都可以称为示范推销法。

它的主要目的就是希望让消费者有亲身感受产品优势的感觉，同时通过尽可能全面地展示产品的优势，来吸引用户的关注。

现在许多直播都会选择这种方式，对产品进行试用、试穿或试吃。如图 12-8所示为某女鞋销售直播间的相关画面。可以看到，该直播便是通过模特试穿的方式来展示产品的。

图 12-8　通过模特试穿展示产品

2. 善于演示和讲解产品

对于销售人员来说，善于演示和讲解产品是非常有必要掌握的一种能力，毕竟说得再多，都不如亲自试用一下产品，让用户看到实际的效果。如果能让用户亲自来试用产品就更加好，就像出售床上用品的商家一样，会创造一个睡眠环境，让用户在床上试睡。

但直播这种线上销售方式，用户是无法亲自使用产品的。这时，主播就可以在直播过程中，亲自使用产品，将演示过程通过直播镜头灵活地展现出来，让用户直观地看到实际效果。

如图 12-9 所示为某魔术道具销售直播间的相关画面。可以看到，在该直播中，主播便是通过直接演示该道具的使用方法和效果，来吸引用户的关注，并引导用户下单的。

相比于其他推销方法，示范法的优势就在于可以让用户看到产品的使用效果。并且因为主播敢于在镜头前展示效果，所以用户往往也更能感受到主播对于自己销售的产品的强大信心。

 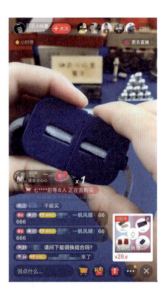

图 12-9　主播在镜头前展示产品的使用效果

TIPS 105　限时法：直接解决顾客的犹豫

限时优惠法就是直接告诉用户，现在直播间在举行某项优惠活动，在这个活动期间，用户能够得到的利益是什么。此外，主播也可以在直播时提醒用户，活动结束后，再想购买对应的产品，要花费更多钱。这样一来，为了更好地维护自身的利益，部分用户就会更愿意购买产品了。

例如，主播在直播中可以对用户说："亲，这款服装，我们今天做优惠降价活动，今天就是最后一天了，你还不考虑入手一件吗？过了今天，价格就会恢复原价，原价和现在的价位相比，足足多了好几百元呢！如果你想购买该产品的话，必须得尽快做决定哦！机不可失，时不再来。"

主播通过这种方法推销产品，会给用户一种错过这次活动，之后再买就亏大了的感觉。同时通过最后期限的设置和告知，能给用户造成一种心理压迫感，让有需求的用户更想抓紧入手产品。主播在直播间给用户推荐产品时，就可以积极运用这种方法，通过直播话术给用户造成紧迫感。同时，也可以通过优惠倒计时的显示来提醒用户可享受优惠的时间越来越少了。

如图 12-10 所示为部分直播销售的产品的展示页。可以看到，其中就有一些限时秒杀的产品，并且产品下方还会显示限时秒杀结束的倒计时。主播在直播时就可以结合倒计时提醒用户，给用户造成心理上的压迫感，促使用户下单。

图 12-10 直播间的限时优惠

动作法：增强主播的表达能力

TIPS 106

主播在直播讲话时，不要只顾着用嘴巴讲，还要配合一定的肢体动作，这样给观众的表达效果会更加传神。为什么很多演员被喷没有演技？很大一部分原因就是这些演员在演戏时，很少有肢体动作，整个过程像是在背台词，更有甚者连表情配合都没有，这样的作品观众当然不满意。

所以，主播在与用户沟通交流的过程中，要锻炼自己的肢体语言表达能力。

在笔者看来，提升肢体语言表达能力至少有 5 个方面的好处，如图 12-11 所示。

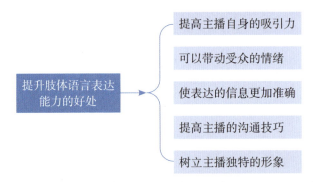

图 12-11　提升肢体语言表达能力的好处

肢体语言的运用在演讲活动中最为普遍，那些演讲之所以能够鼓舞人心，让人心潮澎湃、激动不已，很重要的一个原因是演讲者在整个演讲的过程中运用了大量的肢体动作，使得演讲更加生动。

例如，"口红一哥"在直播带货时就经常会用到各种肢体语言和对应的丰富的表情，这样做能引起用户的注意力，让用户纷纷被主播吸引，让直播的过程十分生动有趣。

这位"口红一哥"的直播之所以如此成功，非常重要的一点是肢体语言的运用，所以才会吸引这么多人观看。在介绍产品的过程中，配合相应的肢体语言能够更好地激发用户的购买欲望，而且这些独特的肢体语言使得他的直播内容非常具有个人特色，帮助他快速地树立起了独特的个人形象。

问题法：直播卖货常见问题

在本节中，笔者将对直播间卖货时用户常问及的一些问题进行解答示范，这样可以更好地帮助主播应对直播间的提问，确保直播带货的顺利进行。

1. × 号宝贝，试用一下

用户常问的第一类问题为："× 号宝贝可以试一下吗？"用户之所以会问这一类问题，很可能是因为用户在观看直播时，对该产品产生了兴趣，需要主播进行试用，所以提出了试用的要求。

　　主播面对这类提问时，可以通过话术对用户的问题进行回答，并及时安排试用或试穿产品。例如，在某服装直播中，部分粉丝要求主播试穿 20 号产品。因此，主播在看到用户的提问之后，马上说道："好的，等下给大家试试 20 号。"并在展示完一套衣服之后，便快速换上了 20 号产品，将产品的试穿效果展示给用户看，如图 12-12 所示。

图 12-12　粉丝提出试穿要求

2. 主播情况，多高多重

　　用户常问的第二类问题是主播的身高及体重等信息。部分主播会在直播间中展示自己的身高及体重等信息，但是有的用户没有注意到，主播可以直接回复用户，并且提醒用户看直播间中的主播信息。

　　如图 12-13 所示为部分抖音直播中展示主播信息的相关画面，可以看到这些直播对主播的身高和体重等信

图 12-13　部分抖音直播中展示了主播信息

息进行了展示。

3. 产品尺码，是否适用

用户常问的第三类问题是："我的体重是××kg，身高是×××cm，这个产品我用（穿）着合适吗？"或者"×号链接（的产品），××斤左右可以穿吗？"如图 12-14 所示。

对于这类问题，主播可以根据用户提供的具体身高、体重信息，给予合理意见；或者将当前产品的尺码与标准尺码进行对比，再做出推荐。如果销售的产品是标准码，可以让用户直接选择平时穿的尺码。

图 12-14　用户询问产品是否合适

当然，主播也可以在直播间中展示产品的标准尺码推荐参考表，给用户提供一个参照，如图 12-15 所示。这样一来，当用户询问这一类问题时，主播直接让用户查看尺码参考表就可以了。除此之外，还可以向用户展示产品包装中的尺码表，让用户知道对应尺码的使用情况，如图 12-16 所示。

图 12-15　在直播间列出尺码参考表　　图 12-16　展示产品包装中的尺码表

4.质问主播，没有理会

有时候用户会问主播为什么不理人，或者责怪主播没有理会她。这时候主播需要安抚该用户的情绪，可以回复说没有不理，只是因为消息太多，没有看到。

主播需要明白，如果没有做好安抚工作，可能会丢失这个用户。

除了质问主播不理自己，部分用户可能还会询问主播客服怎么不回信息，如图 12-17 所示。对此，主播可以告诉用户，是因为消息太多了，有些回复不过来，并表示自己会提醒客服及时回复消息。

图 12-17　用户询问客服怎么不回消息

5.×号宝贝，价格多少

用户之所以会问这个问题，主要就是因为他（她）没有看商品详情，或者没有找到商品详情页面。对于这个问题，主播可以直接告知产品的价格，或者告诉用户如何找到商品详情页面。

通常来说，当用户询问价格时，主播通过话术直接引导用户查看购物车中产品的具体价格即可。当然，如果主播直播间发放了优惠券，也可以先让用户❶点击直播间中的"领券"链接，并在弹出的提示框中❷点击"领取优惠券"按钮，即可领取直播间的优惠券，如图 12-18 所示。

图 12-18　领取直播间的优惠券

用户在直播间领取了优惠券之后，点击"查看可用商品"按钮，进入直播间的产品页面，点击对应产品的"领券购买"按钮，如图 12-19 所示。操作完成后，进入商品选择界面，该界面中将显示产品的券后价格，而用户则可以用券后价购买产品，如图 12-20 所示。因此，主播便可以利用这一点，通过话术突出产品的价格优势，从而增加用户的购买欲望。

图 12-19　点击"领券购买"按钮　　　图 12-20　显示产品券后价

个性法：培养个性化的风格

　　许多用户之所以会关注某个主播，主要是因为这个主播有着鲜明的个性。构成主播个性的因素有很多，个性化的语言便是其中之一。因此，主播可以通过个性化的语言来打造鲜明的形象，从而吸引粉丝的关注。

　　直播主要由两个部分组成，即画面和声音。而具有个性的语言则可以让直播更具特色，同时也可以让整个直播对用户的吸引力更强。一些个性化的语言甚至可以成为主播的标志，让用户一看到该语言就会想起某主播，甚至在看某位主播的短视频和直播时，会期待其标志性话语的出现。

例如，"口红一哥"在短视频中和直播时，经常会说"oh my god""买它"，于是这两句话便成为了他的标志性话语。再加上该主播粉丝量众多，影响力比较大，所以，当其他人说这两句话时，许多人也会想到这位主播。

正是因为如此，"口红一哥"在直播时，也开始用这两句话来吸睛。而且其发布的短视频中也经常会使用这些标志性的话语。如图 12-21 所示为"口红一哥"发布的两条抖音短视频，可以看到在这两条短视频的标题中赫然出现了"买它"。

图 12-21　"口红一哥"发布的两条抖音短视频

主播在进行直播时，也可以适当地说一下带有个人特色的口头禅等个性化的语言。如果用户的反馈比较好，还可以将这些口头禅打造成自己的一个标签，并借助这些口头禅引导更多用户下单。